PARLONS CORÉEN
- AVEC DES FICHIERS AUDIO TÉLÉCHARGEABLES

Apprenez rapidement et facilement
plus de 1400 expressions coréennes sur 21 sujets

ISBN 979-11-88195-59-6

FANDOM MEDIA

TABLE DES MATIÈRES

Les fichiers audio peuvent être trouvés sur

newampersand.com/SPEAKKOREAN

Les fichiers audio peuvent être trouvés sur

newampersand.com/SPEAKKOREAN

Écoutez, répétez et apprenez !

Chaque chapitre a sa propre piste audio pour que vous puissiez apprendre avec ! Nous répétons chaque phrase quatre fois au total - deux fois lentement et deux fois à la vitesse normale, afin que vous puissiez apprendre comment chaque partie sonne individuellement et aussi dans son ensemble. Lisez en même temps que vous parlez, et vous maîtriserez de nombreuses expressions coréennes en un rien de temps !

CHAPITRE 1. SALUTATION

은 nŭn / 는 nŭn / 이 i / 가 ga / 을 ŭl / 를 rŭl = Postposition / Adverbe

01 안녕하세요?
an-nyŏng ha-se-yo?

Bonjour

02 만나서 반갑습니다.
man-na-sŏ ban-gap-sŭp-ni-da.

Ravi de vous rencontrer.

03 저도 반갑습니다
jŏ-do ban-gap-sŭp-ni-da.

Je suis également ravi de vous rencontrer.

04 처음 뵙겠습니다.
chŏ-ŭm boep-get-sŭp-ni-da.

Je vous vois pour la première fois. = Comment allez-vous ?

05 우리 초면이죠?
u-ri   cho-myŏn i-jyo?

C'est notre première fois, n'est-ce pas ? = On ne s'est jamais rencontrés, n'est-ce pas ?

06 어디서 뵌 것 같아요.
ŏ-di-sŏ   boen gŏt gat-a-yo.

Je crois vous avoir vu quelque part. = Vous avez l'air familier.

07 만나뵙고 싶었습니다.
man-na-boep-go ship-ŏt-sŭp-ni-da.

Je voulais vous rencontrer.

08 오래전부터 만나뵙고 싶었습니다.
o-rae-jŏn-bu-tŏ man-na-boep-go ship-ŏt-sŭp-ni-da.

Je voulais vous rencontrer depuis longtemps.

09 잘 부탁드립니다.
jal bu-tak-dŭ-rip-ni-da.

J'ai hâte de travailler avec vous.

10 좋은 말씀 많이 들었습니다.
jo-ŭn mal-ssŭm man-i dŭl-ŏt-sŭp-ni-da.

J'ai entendu beaucoup de bonnes choses (sur vous).

11 실물이 더 멋지네요!
shil-mul i dŏ mŏt-ji-ne-yo!
*~ 네요 est utilisé pour montrer qui est impressionné.

Vous êtes plus sympa en personne ! = Vous êtes plus beau en personne

12 과찬입니다.
gwa-chan ip-ni-da.

C'est un compliment exagéré. = Je suis flatté.

13 만나서 영광입니다.
man-na-sŏ yŏng-gwang ip-ni-da.

C'est un honneur de vous rencontrer.

14 저야말로요.
jŏ ya-mal-lo-yo.

C'est moi (qui a hâte de vous rencontrer). = Le plaisir est entièrement le mien.

15 드디어 만났군요!
dŭ-di-ŏ man-nat-gun-nyo!

Nous nous sommes enfin rencontrés !

16 연락 주셔서 감사합니다.
yŏl-lak ju-shŏ-sŏ gam-sa-hap-ni-da.

Merci de m'avoir contacté.

17 혹시 김철수씨 아니세요?
hok-shi kim-chŏl-su-ssi a-ni-se-yo?
*ssi = "M./Mme." est placé après un nom

N'êtes-vous pas par hasard M. Kim Cheol-su ?

18 이게 얼마만이죠?
i-ge ŏl-ma-man-i-jyo?

C'était Il y a combien de temps ? = Depuis combien de temps ?

19 이게 도대체 누구예요?
i-ge do-de-che nu-gu-ye-yo?

Qui est-ce ?

20 저 기억하세요?
jŏ gi-ŏk-ha-se-yo?

Tu te souviens de moi ?

21 많이 변했죠?
man-i byŏn-haet-jyo?

J'ai beaucoup changé, n'est-ce pas ?

22 전혀요! 예전 그대로네요!
jŏn-hyŏ-yo! ye-jŏn gŭ-dae-ro-ne-yo!

Pas du tout ! Tu es le même qu'avant !

23 말도안돼요!
mal do an-doe-yo!

Ça n'a même pas de sens !

24 정말 많이 변했네요!
jŏng-mal man-i byŏn-haet-ne-yo!

Tu as vraiment beaucoup changé !

25 알아보지 못했죠?
al-a-bo-ji mot-haet-jyo?

Tu ne pouvais pas me reconnaître, n'est-ce pas ?

26 더 예뻐졌어요.
dŏ ye-bbŏ-jyŏ-ssŏ-yo.

Tu es devenu plus joli.

27 더 멋있어졌어요.
dŏ mŏ-shi-ssŏ-jyŏ-ssŏ-yo.

Tu es devenu plus fabuleux.

28 요즘 다이어트 하고 있어요.
yo-zŭm da-i-ŏ-tŭ ha-go-i-sso-yo.

J'étais sur un régime récemment.

29 그동안 어떻게 지냈어요?
gŭ-dong-an ŏ-ttŏ-ke ji-nae-ssŏ-yo?

Comment étiez-vous (jusqu'à présent)

30 잘 지냈어요.
jal ji-nae-ssŏ-yo.

J'allais bien.

31 많이 보고 싶었어요.
man-i bo-go ship-ŏ-ssŏ-yo.

Je voulais souvent te voir. = Tu m'as beaucoup manqué.

32 당신 생각 많이 했어요.
dang-shin saeng-gak man-i hae-ssŏ-yo.

J'ai beaucoup pensé à toi.

33 정말 오랜만이에요.
jŏng-mal o-raen-man-i-e-yo.

Ça fait longtemps !

34 앞으로 더 자주 봐요.
ap-ŭ-ro dŏ ja-ju bwa-yo.

On devrait se voir plus souvent à partir de maintenant.

35 좋은 아침!
jo-ŭn a-chim!

(Bon Matin) = Bonjour !

36 안녕히 주무셨어요?
an-nyŏng-hi ju-mu-shŏ-ssŏ-yo?

As-tu dormi paisiblement ?
= As-tu bien dormi ?

37 잘 잤어요. 미나씨는요?
jal ja-ssŏ-yo. mi-na-ssi-nŭn-yo?

J'ai bien dormi. Et toi, Mina ?

38 저도 잘 잤어요.
jŏ-do jal ja-ssŏ-yo.

J'ai aussi bien dormi.

39 식사 하셨어요?
shik-sa ha-shŏ-ssŏ-yo?

As-tu mangé quelque chose ?

40 아니요. 아침/점심/저녁 먹었어요?
a-ni-yo. a-chim/jŏm-shim/jŏ-nyŏk mŏg-ŏ-ssŏ-yo?

Non. As-tu pris le petit déjeuner / déjeuner / dîner ?

41 저는 방금 먹었어요.
jŏ nŭn bang-gŭm mŏg-ŏ-ssŏ-yo.

Je viens de manger.

42 부모님도 건강하시죠?
bu-mo-nim do gŏn-gang ha-shi-jyo?

Vos parents sont-ils aussi en bonne santé ?

43 덕분에요.
dŏk-bun-e-yo.

Je vous remercie

44 건강은 어때요?
gŏn-gang ŭn ŏ-tte-yo?

Comment va ta santé ?
= Comment te sens-tu ?

45 너무 피곤해요.
nŏ-mu pi-gon-hae-yo.

Je suis trop fatigué.

46 많이 바쁘세요?
man-i ba-bbŭ-se-yo?

Es-tu très occupé ?

47 숙제가/업무가 많아요.
suk-je ga / ŏp-mu ga man-a-yo.

Il y a beaucoup de devoirs / travail.
= J'ai des devoirs / du travail jusqu'au cou.

48 무리하지 마세요.
mu-ri-ha-ji ma-se-yo.

Ne travaille pas trop dur.

49 건강이 최고예요.
gŏn-gang i choe-go-ye-yo.

La santé est la plus importante.
= La santé passe avant tout.

50 맞아요. 그럴게요.
ma-ja-yo. gŭ-rŏl-gge-yo.

Tu as raison. Je le ferai.

51 안녕히 계세요.
an-nyŏng-hi gye-se-yo.

(Signification du mot) Reste en paix.
= Prends soin de toi. / Au revoir. / En attendant.

52 안녕히 가세요.
an-nyŏng-hi ga-se-yo.

(Signification du mot) Vas en paix.
= Prends soin de toi. / Au revoir. / En attendant.

53 다음에 또 만나요.
da-ŭm-e tto man-na-yo.

On se revoit la prochaine fois.

54 문자 할게요.
mun-ja hal-gge-yo.

Je t'envoie un texte.

55 오늘 즐거웠습니다.
o-nŭl jŭl-gŏ-wŏt-sŭp-ni-da.

Je me suis amusé aujourd'hui.

56 그때까지 잘 지내세요.
gŭ-ttae gga-ji jal ji-nae-se-yo.

Jusque-là, porte toi bien.
= En attendant, Prends soin de toi.

57 건강히 지내세요!
gŏn-gang-hi ji-nae-se-yo!

Reste en bonne santé !

58 연락합시다!
yŏl-lak hap-shi-da!

Restons en contact !

CHAPITRE 2.PRÉSENTEZ-VOUS

01 제 이름은 김철수입니다.
je i-rŭm ŭn kim-chŏl-su ip-ni-da.

Je m'appelle Kim Cheol-soo.

02 성함이 어떻게 되세요?
sŏng-ham i ŏ-ttŏ-ke doe-se-yo?

Quel est (votre) nom ?

03 저는 미나라고 합니다.
jŏ nŭn mi-na ra-go hap-ni-da.

Mon nom est Mina = Je m'appelle Mina.

04 제 명함입니다.
je myŏng-ham ip-ni-da.

(C'est) ma carte de visite.

05 저는 명함이 없어요.
jŏ nŭn myŏng-ham i ŏp-ssŏ-yo.

Je n'ai pas de carte de visite.

06 괜찮아요.
gwen-chan-a-yo.

Ce n'est pas grave.

07 대신, 제 전화번호를 드릴게요.
dae-shin, je jŏn-hwa-bŏn-ho rŭl dŭ-ril-gge-yo.

Au lieu de cela, je vais vous donner mon numéro de téléphone.

08 여기 있습니다.
yŏ-gi it-ssŭp-ni-da.

Tiens.

09 감사합니다.
gam-sa-hap-ni-da.

J'apprécie. = Merci beaucoup.

10 제 번호 아세요?
je bŏn-ho a-se-yo?

Connaissez-vous mon numéro ?

11 아니요, 몰라요. / 네, 알아요.
a-ni-yo, mol-la-yo. / ne, al-a-yo.

Non, je ne le sais pas / Oui, je le sais.

12 이게 제 번호예요.
i-ge je bŏn-ho ye-yo.

Ceci est mon numéro.

13 저장 할게요. / 저장 했어요.
jŏ-jang hal-gge-yo. / jŏ-jang hae-ssŏ-yo.

Je vais le sauver. Je l'ai sauvé.

14 이 번호가 맞나요?
i bŏn-ho ga mat-na-yo?

Est-ce le bon numéro ?

15 네, 맞아요. / 아니요, 틀렸어요.
ne, ma-ja-yo. / a-ni-yo, tŭl-lyŏ-ssŏ-yo.

Oui. / Non, ça ne l'est pas.

16 다시 한번 말해주세요.
da-shi han-bŏn mal-hae-ju-se-yo.

Pouvez-vous me le redire s'il vous plait

17 직업이 뭐예요?
jig-ŏb i mwŏ-ye-yo?

Quel est (votre) métier ?

18 무엇을 하시나요?
mu-ŏ sŭl ha-shi-na-yo?

Que faites-vous ?

19 어떤 일을 하세요?
ŏ-ttŏn il ŭl ha-se-yo?

Quel genre de travail faites-vous ?

20 회사원 입니다.
hoe-sa-won ip-ni-da.

Je suis salarié d'une entreprise.
= Je travaille pour une entreprise.

21 삼성에 다녀요.
sam-sŏng e da-nyŏ-yo.

Je suis chez Samsung.
= Je travaille chez Samsung.

22 아르바이트를 합니다.
a-rŭ-ba-i-tŭ rŭl hap-ni-da.

Je travaille à temps partiel.

23 취직 준비 하고 있어요.
chwi-jik jun-bi ha-go i-ssǒ-yo.

Je me prépare pour un travail.
= Je recherche un emploi.

24 저는 학생입니다.
jǒ nǔn hak-saeng ip-ni-da.

Je suis étudiant.

25 저도 학생이에요.
jǒ do hak-saeng i-e-yo.

Je suis aussi étudiant.

26 한국대학교에 다녀요.
han-guk dae-hak-gyo e da-nyǒ-yo.

Je vais à l'Université de Hanguk.

27 어느 학교에 다니세요?
ǒ-nǔ hak-gyo e da-ni-se-yo?

Dans quelle école allez-vous ?

28 저도 거기에서 공부해요.
jǒ do gǒ-gi-e-sǒ gong-bu-hae-yo.

J'étudie aussi là-bas.
= Je vais aussi dans la même école.

29 전공이 뭐예요?
jǒn-gong i mwǒ-ye-yo?

Quelle est (votre) majeure ?

30 어학당에서 한국어를 배우고 있어요.
ǒ-hak-dang e-sǒ han-gug-ǒ rǔl bae-u-go i-ssǒ-yo.

J'apprends le coréen (langue) dans une école de langue.

31 저는 미국에서 왔어요.
jǒ nǔn mi-guk e-sǒ wa-ssǒ-yo.

Je viens des États-Unis. = Je viens des USA.

32 원래는 일본에서 태어났어요.
wol-lae nǔn il-bon e-sǒ tae-ǒ-na-ssǒ-yo.

Je suis originaire du Japon.

33 여기가 제 고향이에요.
yǒ-gi ga je go-hyang i-e-yo.

Voici ma ville natale.

34 이제는 여기가 더 편해요.
i-je nǔn yǒ-gi ga dǒ pyǒn-hae-yo.

C'est plus pratique ici maintenant.
= Je me sens plus à l'aise ici maintenant.

35 한국어가 더 편해요.
han-gug-ǒ ga dǒ pyǒn-hae-yo.

La langue coréenne est plus pratique.
= Je parle mieux le coréen.

36 아직 영어가 더 편해요.
a-jik yŏng-ŏ ga dŏ pyŏn-hae-yo.

Je parle toujours mieux l'anglais.

37 어디에서 오셨어요?
ŏ-di e-sŏ o-shŏ-ssŏ-yo?

D'où venez-vous ? = D'où viens-tu

38 어느 나라 사람이에요?
ŏ-nŭ na-ra sa-ram i-e-yo?

(Signification littérale) De quel pays êtes-vous ?
= Quelle est votre nationalité ?

39 고향이 어디에요?
go-hyang i ŏ-di-e-yo?

Où est (votre) ville natale ?
= D'où venez-vous (l'origine) ?

40 부산에서 자랐어요.
busan e-sŏ ja-ra-ssŏ-yo.

J'ai grandi à Busan.

41 한국어 잘 못해요.
han-gug-ŏ jal mot-hae-yo.

Je ne parle pas bien le coréen.

42 한국어 열심히 공부하고 있어요.
han-gug-ŏ yŏl-shim-hi gong-bu ha-go i-ssŏ-yo.

J'apprends le coréen.

43 교환학생인가요?
gyo-hwan-hak-saeng in-ga-yo?

Êtes-vous un étudiant d'échange ?

44 아니요, 유학생이에요.
a-ni-yo, yu-hak-saeng i-e-yo.

Non, je suis un étudiant international.

45 한국에는 처음인가요?
han-gug e nŭn chŏ-ŭm in-ga-yo?

Est-ce votre première fois en Corée ?

46 아니요, 한 번 여행 왔었어요.
a-ni-yo, han bŏn yŏ-haeng wa-ssŏ-ssŏ-yo.

Non, (j'ai) déjà été ici.

47 그래요? 언제요?
gŭ-rae-yo? ŏn-je-yo?

N'est-ce pas ? Quand ?

48 삼년 전에 부모님과요.
sam nyŏn jŏn-e bu-mo-nim-gwa-yo.

Il y a trois ans avec (mes) parents.

49 하지만 시간이 많이 없었어요.
ha-ji-man shi-gan i man-i ŏp-ssŏ-ssŏ-yo.
Mais nous n'avions pas beaucoup de temps.

50 좋은 시간 보냈어요?
jo-ŭn shi-gan bo-nae-ssŏ-yo?
Avez-vous passé un bon moment ?

51 네. 쇼핑을 너무 많이 했어요.
ne. sho-ping ŭl nŏ-mu man-i hae-ssŏ-yo.
Ouais. (Nous) avons fait trop de shopping.

52 부모님은 미국에 계세요.
bu-mo-nim ŭn mi-guk e gye-se-yo.
(Mes) parents sont aux États-Unis.

53 형제가 셋 있어요.
hyŏng-je ga set i-ssŏ-yo.
J'ai trois frères et sœurs.

54 제가 가장 어려요.
je ga ga-jang ŏ-ryŏ-yo.
Je suis le plus jeune.

55 제가 가장 나이가 많아요.
je ga ga-jang na-i ga man-a-yo.
(Sens littéral) Je suis le plus vieux.
= Je suis l'aîné.

56 한국 드라마를 많이 봤어요.
han-gug dŭ-ra-ma rŭl man-i bwa-ssŏ-yo.
J'ai vu beaucoup de séries télévisées coréennes.

57 한국 친구들이 많이 있었어요.
han-gug chin-gu-dŭl i man-i i-ssŏ-ssŏ-yo.
J'avais beaucoup d'amis coréens.

58 한국 사람 좋아해요.
han-gug sa-ram jo-a-hae-yo.
J'aime les coréens.

59 한국 음식은 맛있어요.
han-gug ŭm-shig ŭn ma-shi-ssŏ-yo.
**La nourriture coréenne est délicieuse /
savoureuse.**

60 저는 스물 셋 입니다.
jŏ nŭn sŭ-mul set ip-ni-da.
J'ai vingt-trois ans.

61 실례지만, 나이가 어떻게 되세요?
shil-lye-ji-man, na-i-ga ŏ-ttŏ-ke doe-se-yo?
**Excusez-moi, mais quel âge avez-vous ?
= Puis-je vous demander quel âge vous avez ?**

62 어디에 사세요?
ŏ-di e sa-se-yo?
Où habitez-vous ?

63 기숙사에 살아요.
gi-suk-sa e   sal-a-yo.

Je vis dans un dortoir.

64 곧 이사 할거예요.
got   i-sa   hal-gŏ-ye-yo.

Je vais bientôt déménager.

65 취미는 뭐예요?
chwi-mi nŭn mwŏ-ye-yo?

Quel est (votre) passe-temps ?

66 음악 듣는 것을 좋아해요.
ŭm-ak dŭt-nŭn gŏ sŭl   jo-a-hae-yo.

J'aime écouter de la musique.

67 어떤 음악이요?
ŏ-ttŏn ŭm-ag i-yo?

Quel genre de musique ?

68 뭐든지 상관 안해요.
mwŏ-dŭn-ji sang-gwan an-hae-yo.

Je me fiche de ce que c'est.

69 당신은요?
dang-shin ŭn yo?

Et toi ?

70 영화 보는 것이 가장 좋아요.
yŏng-hwa bo-nŭn gŏ shi ga-jang jo-a-yo.

Je préfère regarder des films.

71 우리 언제 영화 보러 가요!
u-ri   ŏn-je yŏng-hwa bo-rŏ ga-yo!

On devrait regarder un film un de ces jours !

CHAPITRE 3. À L'ÉCOLE

01 여기 학생인가요?
yŏ-gi hak-saeng in-ga-yo?

Êtes-vous étudiant ici ?

02 학생증을 보여주세요.
hak-saeng-tzŭng ŭl bo-yŏ-ju-se-yo.

Montrez-moi (votre) carte d'étudiant, s'il vous plaît ?

03 학생증을 아직 못 만들었어요.
hak-saeng-tzŭng ŭl a-jik mot man-dŭl-ŏ-ssŏ-yo.

Je n'ai pas encore pu faire (ma) carte d'étudiant.

04 저는 신입생이에요.
jŏ nŭn shin-ip-saeng i-e-yo.

Je suis un nouvel étudiant.

05 대학원생이에요.
dae-hag-won-saeng i-e-yo.

(Je) suis doctorant.

06 학부생이에요.
hak-bu-saeng i-e-yo.

(Je) suis étudiant.

07 교실이 어디죠?
gyo-shil i ŏ-di-jyo?

Où est la salle de classe ?

08 수업이 몇시죠?
su-ŏb i myŏ-sshi-jyo?

A quelle heure est le cours ?

09 자리에 앉으세요.
ja-ri e an-zŭ-se-yo.

S'il vous plaît, asseyez-vous.

10 책을 꺼내세요.
chaeg ŭl ggŏ-nae-se-yo.
S'il vous plaît, sortez votre livre.

11 12 페이지를 펴세요.
shib-i pe-i-ji rŭl pyŏ-se-yo.
Veuillez ouvrir la page 12.

12 수업을 시작합시다.
su-ŏb ŭl shi-jak-hap-shi-da.
Commençons la leçon.

13 출석을 부르겠습니다.
chul-sŏg ŭl bu-rŭ-get-ssŭp-ni-da.
Je vais appeler les noms.

14 지각입니다.
ji-gag ip-ni-da.
(Vous êtes/Il/elle est) en retard.

15 결석입니다.
gyŏl-ssŏg ip-ni-da.
(Il/Elle est) absent(e).

16 지각해서 죄송합니다.
ji-gak-hae-sŏ joe-song-hap-ni-da.
Désolé d'être en retard.

17 조용히 하세요.
jo-yong-hi ha-se-yo.
S'il te plaît, tais-toi.

18 질문있습니다.
jil-mun it-ssŭp-ni-da.
J'ai une question.

19 잘 이해가 되지 않습니다.
jal i-hae ga doe-ji an-ssŭp-ni-da.
Je ne comprends pas très bien.

20 제가 맞게 이해하고 있나요?
je ga mat-ge i-hae-ha-go it-na-yo?
Est-ce que je comprends bien ?

21 잘 보이지 않아요.
jal bo-i-ji an-a-yo.
Ce n'est pas clairement visible.
= Je ne le vois pas bien.

22 조금 더 크게 말씀해주세요.
jo-gŭm dŏ kŭ-ge mal-ssŭm-hae-ju-se-yo.
S'il vous plaît, parlez un peu plus fort.
= Pourriez-vous s'il vous plaît parler un peu plus fort ?

23 다시 한번 말씀해주세요.
da-shi han-bŏn mal-ssŭm-hae-ju-se-yo.

S'il vous plaît, dites-le encore.

24 잘 모르겠어요.
jal mo-rŭ-get-ssŏ-yo.

Je ne sais pas vraiment. / Je ne suis pas sûr.

25 문제가 어렵네요.
mun-je ga ŏ-ryŏp-ne-yo.

C'est une question difficile.

26 배웠어요?
bae-wŏ-ssŏ-yo.

As-tu étudié ?

27 아직 배우지 못했어요.
a-jik bae-u-ji mot-haet-ssŏ-yo.

Je n'ai pas étudié.

28 수업은 몇시에 끝나죠?
su-ŏb ŭn myŏ-sshi-e ggŭt-na-jyo?

Quand est-ce que le cours se termine ?

29 학교식당은 어디죠?
hak-gyo shik-dang ŭn ŏ-di-jyo?

Où est la cafétéria de l'école ?

30 점심시간이 언제죠?
jŏm-shim shi-gan i ŏn-je-jyo?

C'est quand la pause déjeuner ?

31 점심 같이 먹을까요?
jŏm-shim ga-chi mŏ-gŭl-gga-yo?

On déjeune ensemble ?

32 숙제 같이 할래요?
suk-je ga-chi hal-lae-yo?

Vous voulez faire vos devoirs ensemble ?

33 도와주세요.
do-wa-ju-se-yo.

S'il vous plaît, aidez-moi.

34 외국인이라 잘 몰라요.
oe-gug-in i-ra jal mol-la-yo.

Je n'en suis pas sûr parce que je suis un étranger.

35 기숙사에 어떻게 가죠?
gi-suk-sa e ŏ-tto-ke ga-jyo?

Comment allez-vous arriver au dortoir ?

36 몇시가 통금인가요?
myŏ-sshi ga tong-gŭm in-ga-yo?

Quand est le couvre-feu ?

37 숙제를 깜빡했어요.
suk-je rŭl ggam-bbak-hae-ssŏ-yo.

J'ai oublié mes devoirs.

38 제가 착각했나봐요.
je ga chak-gak haet-na-bwa-yo.

J'ai dû être confus.

39 성적표 봤어요?
sŏng-jŏk-pyo bwa-ssŏ-yo?

As-tu vu (ton) bulletin de notes ?

40 성적표 언제 나와요?
sŏng-jŏk-pyo ŏn-je na-wa-yo?

Quand est-ce que les bulletins sortent ?

41 성적이 엉망이에요.
sŏng-jŏg i ŏng-mang i-e-yo.

(Mes) notes sont un désastre.

42 이번 학기는 성적이 좋지 않아요.
i-bŏn hak-gi nŭn sŏng-jŏg i jot-chi an-a-yo.

Les notes ne sont pas bonnes ce semestre.

43 다음 학기에는 열심히 할거에요.
da-ŭm hak-gi e nŭn yŏl-shim-hi hal-gŏ-e-yo.

Je travaillerais plus fort le semestre prochain.

44 적응이 힘들어요.
jŏg-ŭng i him-dŭl-ŏ-yo.

Il est difficile de s'habituer à ce nouvel environnement. = Je me suis sentie accablée.

45 친구들이 많이 있어요/없어요.
chin-gu-dŭl i man-i i-ssŏ-yo / ŏp-ssŏ-yo.

Je n'ai pas beaucoup d'amis.

46 교수님 한번만 봐주세요.
gyo-su-nim han-bŏn-man bwa-ju-se-yo.

Professeur, s'il vous plaît, laissez-moi tranquille juste une fois.

47 이메일 보내드렸어요.
i-mae-il bo-nae-dŭ-ryŏ-ssŏ-yo.

Je t'ai envoyé un e-mail.

48 수업이 취소되었어요.
su-ŏb i chwi-so-doe-ŏ-ssŏ-yo.

Le cours a été annulé.

49 이번 학기는 정말 바쁘네요.
i-bŏn hak-gi nŭn jŏng-mal ba-bbŭ-ne-yo.

Ce semestre est très chargé.

50 수업을 많이 듣고 있어요.
su-ŏb ŭl man-i dŭt-go i-ssŏ-yo.

(Je) prends beaucoup de cours.

51 아르바이트도 할 수 있나요?
a-rŭ-ba-i-tŭ do hal-su-it-na-yo?

Puis-je travailler à temps partiel ?

52 학비가 너무 비싸요!
hak-bi ga nŏ-mu bi-ssa-yo!

Les cours sont trop chers !

53 장학금을 신청하고 싶어요.
jang-hak-gŭm ŭl shin-chŏng ha-go ship-ŏ-yo.

J'aimerais faire une demande de bourse d'études.

54 경비원에게 물어보세요.
gyŏng-bi-won e-ge mul-ŏ-bo-se-yo.

Veuillez demander à la sécurité.

55 캠퍼스가 너무 넓어요.
kaem-pŏ-sŭ ga nŏ-mu nŏl-bŏ-yo.

Le campus est trop grand.

56 도서관은 어디죠?
do-sŏ-gwan ŭn ŏ-di-jyo?

Où est la bibliothèque ?

57 도서관에서 공부 합니다.
do-sŏ-gwan e-sŏ gong-bu hap-ni-da.

(J') étudie dans la bibliothèque.

58 사람이 정말 많네요!
sa-ram i jŏng-mal man-ne-yo!

Il y a vraiment beaucoup de gens là-bas !

59 여기에서 공부 해도 되나요?
yŏ-gi e-sŏ gong-bu hae-do doe-na-yo?

Puis-je étudier ici ?

60 동아리에 가입하고 싶어요.
dong-a-ri e ga-ip ha-go ship-ŏ-yo.

Je veux rejoindre un club.

61 어떤 동아리가 있나요?
ŏ-ttŏn dong-a-ri ga it-na-yo?

Quels clubs y a-t-il ?

62 전공을 아직 못정했어요.
jŏn-gong ŭl a-jik mot-jŏng-hae-ssŏ-yo.

(Je) ne pouvais pas encore décider de (mon) majeur. = Je n'ai pas encore déclaré mon majeur.

63 제 전공은 미술입니다.
je jŏn-gong ŭn mi-sul ip-ni-da.

Mon majeur est l'art. = J'étudie l'art.

64 어려운 과목이에요.
ŏ-ryŏ-un gwa-mog i-e-yo.

C'est un sujet difficile.

65 깜빡 졸았네요.
ggam-bbak jol-at-ne-yo.

Je me suis assoupie.

66 깨워주세요.
ggae-wŏ ju-se-yo.

Réveillez-moi, s'il vous plaît.

67 필기 했어요?
pil-gi hae-ssŏ-yo?

Tu as pris des notes ?

68 노트좀 빌려주세요.
no-tŭ jom bil-lyŏ-ju-se-yo.

Laissez-moi vous emprunter votre cahier pour un moment.

69 책 좀 같이 봐도 될까요?
chaek jom ga-chi bwa-do doel-gga-yo?

Puis-je partager le livre avec vous brièvement ?

70 이게 무슨 뜻이죠?
i-ge   mu-sŭn ttŭ-shi-jyo?

Que cela signifie-t-il ? = Qu'est-ce que ça veut dire ?

71 영어로는 뭐라고 하죠?
yŏng-ŏ-ro nŭn mwŏ-ra-go ha-jyo?

Comment on dit ça en anglais ?

72 교수님께 여쭤 보세요.
gyo-su-nim-gge yŏ-jjwŏ bo-se-yo.

Demandez au professeur.

73 교수실에 계세요?
gyo-su-shil e gye-se-yo?

Vous êtes dans le bureau du professeur ?

74 언제 찾아뵈면 좋을까요?
ŏn-je cha-ja-boe-myŏn jo-ŭl-gga-yo?

Quel est le bon moment pour une visite ?

75 열심히 공부할게요.
yŏl-shim-hi gong-bu hal-e-yo.

Je vais étudier dur.

76 혹시 김하나 교수님 아세요?
hok-shi kim-ha-na gyo-su-nim a-se-yo?

Connaissez-vous par hasard le professeur Kim Ha-na ?

77 정말 좋은 분이에요.
jŏng-mal jo-ŭn buni-e-yo.

(Elle/Il) est une personne vraiment gentille.

78 알아요. 저 예전에 수업 들었어요.
al-a-yo.   jŏ   ye-jŏn-e   su-ŏp   dŭl-ŏ-ssŏ-yo.
Je sais. J'ai pris des leçons dans le passé.

79 수업은 어떤가요?
su-ŏb   ŭn   ŏ-ttŏn-ga-yo?
Comment est le cours ?

80 쉬운가요? / 어려운가요?
shwi-un-ga-yo?   ŏ-ryŏ-un-ga-yo?
Est-ce que c'est facile ? / Difficile ?

81 정말 쉬워요. / 어려워요.
jŏng-mal shwi-wŏ-yo / ŏ-ryŏ-wŏ-yo.
C'est vraiment facile. / Difficile.

82 수업이 재미있나요?
su-ŏb   i   jae-mi-it-na-yo?
Est-ce que le cours est amusant ?

83 과제가 많나요?
gwa-je ga   man-na-yo?
Y a-t-il beaucoup de tâches ? = Est-ce qu'il/elle attribue beaucoup de tâches ?

84 그룹 프로젝트가 많아요.
gŭ-rŭp pŭ-ro-jek-tŭ   ga   man-a-yo.
Il existe de nombreux projets de groupe.

85 시험을 자주 보나요?
shi-hŏm ŭl ja-ju   bo-na-yo?
Faites-vous souvent des tests ? = Est-ce qu'il/elle vous teste souvent ?

86 신입생 환영회가 있어요.
shin-ip-saeng hwan-yŏng-hoe ga i-ssŏ-yo.
Il y a une fête de bienvenue pour les nouveaux.

87 선배님, 안녕하세요!
sŏn-bae-nim, an-nyŏng-ha-se-yo!
Comment allez-vous, Sunbaenim ? *
Sunbaenim = Senior à l'école ou quelqu'un qui a rejoint une organisation dans le passé

88 동아리 가입을 환영합니다.
dong-a-ri   ga-ib ŭl   hwan-yŏng-hap-ni-da.
Nous vous invitons à rejoindre le club !

89 열심히 참여하세요.
yŏl-shim-hi cham-yŏ ha-se-yo.
(Lit) Participez activement. = Nous nous réjouissons de votre participation active.

90 빠지지 말고 나오세요.
bba-ji-ji   mal-go   na-o-se-yo.
Veuillez participer sans sauter.

91 도움이 필요하면 말하세요.
do-um i pil-yo-ha-myŏn mal-ha-se-yo.
Dites-moi si vous avez besoin d'aide.

CHAPITRE 4. SHOPPING

01 어서오세요.
ŏ-sŏ-o-se-yo.

Bienvenue.

02 무엇을 찾으시나요?
mu-ŏ sŭl cha-zŭ-shi-na-yo?

Que recherchez-vous ?

03 혹시 반바지 있나요?
hok-shi ban-ba-ji it-na-yo?

Vous n'auriez pas un short ?

04 모자를/신발을 찾고 있어요.
mo-ja rŭl / shin-bal ŭl chat-go i-ssŏ-yo.

Je cherche des chapeaux/chaussures.

05 찾으시는 스타일이/브랜드가 있나요?
cha-zŭ-shi-nŭn sŭ-ta-il i / bŭ-raen-dŭ ga it-na-yo?

Y a-t-il un style/une marque que vous recherchez ?

06 도와드릴까요?
do-wa-dŭ-ril-gga-yo?

Puis-je vous aider ?

07 사이즈가 어떻게 되시나요?
sa-i-zŭ ga ŏ-ttŏ-ke doe-shi-na-yo?

Quelle est (votre) taille ?

08 입어봐도 되나요?
ib-ŏ-bwa-do doe-na-yo?

Je peux essayer ça ?

09 이 사이즈 있나요?
i sa-i-zŭ it-na-yo?

Avez-vous cette taille ?

10 제 사이즈는 30입니다.
je sa-i-zŭ nŭn sam-ship ip-ni-da.

Ma taille est de 30.

11 조금 큰/작은 것 같아요.
jo-gŭm kŭn / jag-ŭn gŏt gat-a-yo.

Je pense que c'est un peu petit/grand.

12 딱 맞네요.
ttak mat-ne-yo.

Il s'adapte parfaitement.

13 얼마예요?
ŏl-ma ye-yo?

Combien ça coûte ?

14 세일 하나요?
se-il ha-na-yo?

Est-il à vendre ?

15 재고 있나요?
jae-go it-na-yo?

Vous l'avez en stock ?

16 확인해 주시겠어요?
hwag-in hae ju-shi-get-ssŏ-yo?

Pourriez-vous vérifier ça, s'il vous plaît ?

17 반품 가능한가요?
ban-pum ga-nŭng-han-ga-yo?

C'est non remboursable ?

18 얼마동안에 반품 할 수 있나요?
ŏl-ma dong-an-e ban-pum hal su it-na-yo?

À quelle heure puis-je le rendre ?

19 환불 가능한가요?
hwan-bul ga-nŭng-han-ga-yo?

Puis-je me faire rembourser ?

20 반품 하고 싶습니다.
ban-pum ha-go ship-sŭp-ni-da.

Je voudrais le rendre.

21 제품에 문제가 있나요?
je-pum e   mun-je ga it-na-yo?

Y avait-il un problème avec le produit ?

22 아니요, 사이즈가 맞지 않아요.
a-ni-yo,   sa-i-zŭ ga mat-ji an-a-yo.

Non, la taille est mauvaise.
= Non, ça ne va pas.

23 아니요, 스타일이 맞지 않아요.
a-ni-yo, sŭ-ta-il i mat-ji a-na-yo.

Non, je n'ai pas aimé le style.

24 다른 색상이 있나요?
da-rŭn saek-sang i it-na-yo?

Avez-vous des couleurs différentes ?

25 이게 마음에 들어요.
i-ge ma-ŭm-e dŭl-ŏ-yo.

J'aime cela. = J'aime ça.

26 그냥 둘러볼게요.
gŭ-nyang dul-lŏ-bol-gge-yo.

Je regarde juste autour de moi.

27 구경해도 되나요?
gu-gyŏng-hae-do doe-na-yo?

Puis-je regarder autour de moi ?

28 탈의실이 어디죠?
tal-ŭi-shil i ŏ-di-jyo?

Où est la loge ?

29 남성용/여성용 인가요?
nam-sŏng-yong / yŏ-sŏng-yong in-ga-yo?

Est-ce pour les hommes/les femmes ? = C'est pour les hommes ou les femmes ?

30 여기 흠이 있어요.
yŏ-gi hŭm i i-ssŏ-yo.

Voici une égratignure/coupure/un défaut.

31 원래 이런가요?
wŏl-lae i-rŏn-ga-yo?

Est-ce généralement le cas ? = Est-ce normal ?

32 할인 해 주실수 있나요?
hal-in hae ju-shil-su it-na-yo?

Pouvez-vous me donner un rabais ?

33 신상품 있나요?
shin-sang-pum it-na-yo?

Avez-vous les derniers produits ?

34 정품 맞나요?
jŏng-pum mat-na-yo?

Est-ce un produit authentique ?

35 매니저를 만나고 싶습니다.
mae-ni-jŏ rŭl man-na-go ship-sŭp-ni-da.

Je voudrais rencontrer le directeur.

36 계산 해주세요.
gye-san hae-ju-se-yo.

Veuillez calculer (le prix) pour moi.
= Veuillez le bonifier pour moi.

37 쇼핑백을 주세요.
sho-ping-baeg ŭl ju-se-yo.

S'il vous plaît, donnez-moi un sac de courses.

38 포장 해주세요.
po-jang hae-ju-se-yo.

S'il vous plaît, emballez-le pour moi.

39 영수증을 백안에 넣어주세요.
yŏng-su-zŭng ŭl baeg-an-e nŏ-ŏ-ju-se-yo.

Veuillez mettre le reçu dans le sac.

40 영수증은 저에게 주세요.
yŏng-su-zŭng ŭn jŏ-e-ge ju-se-yo.

Donnez-moi le reçu, s'il vous plaît.

41 카드 되나요?
ka-dŭ doe-na-yo?

Est-ce que la carte de crédit est bonne ?
= Vous prenez les cartes de crédit ?

42 현금도 되나요?
hyŏn-gŭm do doe-na-yo?

L'argent liquide, ça va ?
= Je peux payer en liquide ?

43 현금으로 사면 할인 받나요?
hyŏn-gŭm ŭ-ro sa-myŏn hal-in bat-na-yo?

Est-ce que j'obtiens un rabais si j'achète en argent comptant ?

44 택스리펀드 되나요?
taek-sŭ-ri-pŏn-dŭ doe-na-yo?

A-t-on droit à un remboursement d'impôt ?

45 택스리펀드는 어디에서 하나요?
taek-sŭ-ri-pŏn-dŭ nŭn ŏ-di-e-sŏ ha-na-yo?

Où est le remboursement d'impôt ?

46 이렇게 작성하면 되나요?
i-rŏt-ke jak-sŏng-ha-myŏn doe-na-yo?

Est-ce correct si je remplis ce formulaire ?

47 배달도 되나요?
bae-dal do doe-na-yo?

Peut-il être livré ?

48 홀드해 주실 수 있나요?
hol-dŭ hae ju-shil su it-na-yo?

Pouvez-vous le tenir pour moi ?

49 다시 찾으러 올게요.
da-shi cha-zŭ-rŏ ol-gge-yo.

Je reviendrai le chercher.

50 수선 가능한가요?
su-sŏn ga-nŭng-han-ga-yo?
Est-il possible de le changer ?

51 언제 준비 될까요?
ŏn-je jun-bi doel-gga-yo?
Quand sera-t-il prêt ?

52 준비되면 연락 주세요.
jun-bi doe-myŏn yŏl-lak ju-se-yo.
S'il vous plaît, appelez-moi quand ce sera le cas.

53 도와주셔서 감사합니다.
do-wa-ju-shŏ-sŏ gam-sa-hap-ni-da.
Merci de m'aider.

54 그때 돌아 올게요.
gŭ-ttae dol-a-ol-gge-yo.
Je reviendrai le moment venu.

55 좀 더 깎아주세요.
jom dŏ gga-ka-ju-se-yo.
Veuillez me donner un peu plus de rabais.

56 너무 비싸네요.
nŏ-mu bi-ssa-ne-yo.
C'est trop cher.

57 좀 더 싼 거 있나요?
jom dŏ ssan gŏ it-na-yo?
Avez-vous quelque chose de moins cher ?

58 영업시간이 어떻게 되요?
yŏng-ŏp-shi-gan i ŏ-ttŏ-ke doe-yo?
Quelles sont (vos) heures d'ouverture ?

59 몇시에 열어요?
myŏ-sshi e yŏl-ŏ-yo?
A quelle heure vous ouvrez ?

60 몇시에 닫아요?
myŏ-sshi e dad-a-yo?
A quelle heure fermez-vous ?

61 오늘 몇시까지 하세요?
o-nŭl myŏ-sshi gga-ji ha-se-yo?
A quelle heure travaillez-vous aujourd'hui ?
= A quelle heure fermez-vous aujourd'hui ?

62 어떻게 계산하시겠어요?
ŏ-ttŏ-ke gye-san ha-shi-get-ssŏ-yo?
Comment voulez-vous payer ?

63 더 가져 올게요.
dŏ ga-jyŏ ol-gge-yo.
Je vais en apporter d'autres.

64 잠시만 기다려주세요.
jam-shi-man gi-da-ryŏ-ju-se-yo.
S'il vous plaît, attendez un moment.

65 함께 계산 해주세요.
ham-gge gye-san hae-ju-se-yo.
S'il vous plaît, créditez-le ensemble.
= Je veux les payer tous ensemble.

66 따로따로 계산 해주세요.
tta-ro-tta-ro gye-san hae-ju-se-yo.
S'il vous plaît créditez-le séparément.
= Je veux les payer séparément.

67 돈이 모자라네요.
don i mo-ja-ra-ne-yo.
Je n'ai pas assez d'argent.

68 얼마나 더 필요하죠?
ŏl-ma-na dŏ pil-yo-ha-jyo?
Il vous en faut encore combien ?

69 새 제품 맞죠?
sae je-pum mat-jyo?
C'est un nouveau produit, n'est-ce pas ?

70 언제 재입고 될까요?
ŏn-je jae-ip-go doel-gga-yo?
Quand sera-t-il à nouveau en stock ?

71 다른 매장에는 있나요?
da-rŭn mae-jang-e nŭn it-na-yo?
Est-il disponible dans d'autres magasins ?

72 디스플레이랑 같은 것 주세요.
di-sŭ-pŭl-lae-i-lang ga-tŭn gŏt ju-se-yo.
S'il vous plaît, donnez-moi la même chose que ce qui est exposé.

73 어떤게 가장 인기있나요?
ŏ-ttŏn-ge ga-jang in-ggi-it-na-yo?
Quel est le plus populaire ?

74 재질이 뭔가요?
jae-jil i mwŏn-ga-yo?
Quel est le matériel ? = De quoi est-il fait ?

75 늘려주세요/줄여주세요.
nŭl-lyŏ-ju-se-yo / jul-yŏ-ju-se-yo.
Veuillez prolonger/raccourcir.

76 세탁기에 돌려도 되나요?
se-tak-gi e dol-lyŏ-do doe-na-yo?
Est-il lavable en machine ?

77 교환하고 싶어요.
gyo-hwan ha-go ship-ŏ-yo.
Je voudrais échanger (ceci).

78 이거 보증 되나요?
i-gŏ bo-zŭng doe-na-yo?
Est-ce que cela peut être couvert par une garantie ?

79 계산이 잘못 된 것 같아요.
gye-san i jal-mot doen gŏt gat-a-yo.

Je pense que la facture était fausse.
= Je pense que le calcul est erroné.

80 어때보여요?
ŏ-tte bo-yŏ-yo?

De quoi j'ai l'air ?

81 잘 어울리나요?
jal ŏ-ul-li-na-yo?

Est-ce que ça me va bien ?

82 이걸로 할게요.
i-gŏl lo hal-gge-yo.

Je vais prendre ça avec moi.
= Je prends ça.

83 지금 유행이에요.
ji-gŭm yu-haeng-i-e-yo.

C'est très populaire de nos jours.

84 추천해 주세요.
chu-chŏn hae ju-se-yo.

S'il te plaît, suggère pour moi.
= Je suis ouvert aux suggestions.

85 가격이 어떻게 되나요?
ga-gyŏg i ŏ-ttŏ-ke doe-na-yo?

Quel est le prix ?

86 다 고르셨나요?
da go-rŭ-shŏt-na-yo?

Vous les avez tous choisis ?
= Avez-vous tout trouvé en ordre ?

87 전부 얼마죠?
jŏn-bu ŏl-ma-jyo?

Combien ça coûte tout ça ensemble ?

88 세금이 포함되었나요?
se-gŭm i po-ham doe-ŏt-na-yo?

Les taxes sont-elles incluses ?

89 거스름 돈 있으세요?
gŏ-sŭ-rŭm don i-ssŭ-se-yo?

Vous avez de la monnaie ?

90 싸게 사시는 겁니다.
ssa-ge sa-shi-nŭn gŏp-ni-da.

Vous l'achetez à bas prix. = C'est un bon achat.

91 세일은 언제까지 하나요?
se-il ŭn ŏn-je gga-ji ha-na-yo?

Quand faites-vous la vente ?
= Quelle est la durée de validité de la vente ?

92 지금은 특별 세일 기간입니다.
ji-gŭm ŭn tŭk-byŏl se-il gi-gan ip-ni-da.

C'est maintenant une période de vente spéciale.

93 돈을 더 낸 것 같아요.
don ŭl dŏ naen gŏt gat-a-yo.

Je pense que j'ai payé plus d'argent.
= Je pense que j'ai payé trop cher.

94 신용카드를/여행자수표를 받나요?
shin-yong-ka-dŭ *rŭl* / yŏ-haeng-ja-su-pyo *rŭl* bat-na-yo?

Acceptez-vous les cartes de crédit / chèques de voyage ?

95 엘레베이터는 어디에 있나요?
el-le-be-i-tŏ   *nŭn*   ŏ-di-e it-na-yo?

Où est l'ascenseur ?

96 이것을 수리받고 싶어요.
i-gŏ sŭl su-ri-bat-go ship-ŏ-yo.

Je veux faire réparer ça.

97 고장났어요.
go-jang-na-ssŏ-yo.

Il est cassé.

98 불량품이에요.
bul-lyang-pum i-e-yo.

C'est un produit défectueux.

99 어디서 샀어요?
ŏ-di-sŏ   sa-sso-yo?

Où l'avez-vous acheté ?

100 정말 옷 잘입네요.
jŏng-mal ot jal ip-ne-yo.

(Vous) portez très bien les vêtements.
= Tu as un bon œil pour la mode.

101 패션 감각이 좋다.
pae-shŏn gam-gag i jot-ta.

(Votre) sens de la mode est bon.

102 옷이 그게 뭐예요?
o shi   gŭ-ge mwŏ-ya?

Qu'est-ce qui ne va pas avec les vêtements ?

103 요즘 유행하는 스타일이예요.
yo-zŭm yu-haeng-ha-nŭn sŭ-ta-il i-ye-yo.

(Cela) est un style qui est à la mode ces jours-ci.

104 옷이 날개네요.
o shi nal-gae ne-yo.

(Lit) Les vêtements sont des plumes.
= Tu es si belle dans ces vêtements.

105 옷이 너무 야해요.
o shi nŏ-mu ya-hae-yo.

(Vos) vêtements sont trop sexy/ révélateurs.

CHAPITRE 5. RESTAURANT

01 자리 있나요?
ja-ri   it-na-yo?

Y a-t-il un siège (disponible) ?

02 몇 명 이세요?
myŏt myŏng i-se-yo?

Combien de personnes y a-t-il ?

03 네명 입니다.
ne myŏng ip-ni-da.

Il y a 4 personnes.

04 예약 하셨나요?
ye-yak ha-shŏt-na-yo?

Avez-vous réservé ? = Avez-vous une réservation ?

05 아니요, 안 했어요 / 네, 했어요.
a-ni-yo,   an hae-ssŏ-yo. / ne, hae-ssŏ-yo.

Non, je ne l'ai pas fait. / Si, je l'ai fait.

06 몇시로 예약 하셨나요?
myŏ-sshi ro ye-yak ha-shŏt-na-yo?

A quelle heure avez-vous fait la réservation ?

07 한시요. / 한시 삼십분이요.
han shi-yo. / han shi sam-ship bun i-yo.

Il est une heure. / Il est 1h et 30 minutes (il est 1h30).

08 이쪽으로 오세요.
i-jjog ŭ-ro   o-se-yo.

S'il vous plaît, venez par ici.

09 이 자리 괜찮으세요?
i ja-ri goen-chan-ŭ-se-yo?

Ce siège vous convient ?

10 혹시 테이블은 없나요?
hok-shi te-i-bŭl ŭn ŏp-na-yo?
Auriez-vous une table par hasard ?

11 메뉴를 주세요.
me-nyu rŭl ju-se-yo.
Pourriez-vous me donner le menu, s'il vous plaît ?

12 추천 해주세요.
chu-chŏn hae-ju-se-yo.
Veuillez faire des suggestions/ recommandations.

13 매운 것/단 것 좋아하세요?
mae-un gŏt/dan gŏt jo-a-ha-se-yo?
Voulez-vous quelque chose de sucré/épicé ?

14 매운 것 잘 못먹어요
mae-un gŏt jal mot-mŏg-o-yo.
(Je) ne peux pas bien manger les choses épicées.

15 이거 드셔보셨나요?
i-gŏ dŭ-shŏ-bo-shŏt-na-yo?
As-tu essayé ça ?

16 어떤 요리인가요?
ŏ-ttŏn yo-ri in-ga-yo?
Quel genre de cuisine est-ce ?

17 마늘이/양파가 들어있나요?
ma-nŭl i / yang-pa ga dŭl-ŏ-it-na-yo?
Est-ce qu'il contient de l'ail/oignon ?

18 뭘로 만든 건가요?
mwŏl-lo man-dŭn gŏn-ga-yo?
Avec quoi est-il fait ? = Quels sont les ingrédients ?

19 얼마나 걸리나요?
ŏl-ma-na gŏl-li-na-yo?
Combien de temps cela prend-il ?

20 시간이 좀 걸립니다
shi-gan i jom gŏl-lip-ni-da.
Il faudra un certain temps (pour le cuire).

21 양이 얼마나 되나요?
yang i ŏl-ma-na doe-na-yo?
Quelle est la taille de la portion ?

22 둘이 먹기에 충분해요/부족해요.
dul i mŏk-ki-e chung-bun-hae-yo / bu-jok-hae-yo.
Il y a assez à manger (pour) deux. / Elle est insuffisante.

23 음료수는 어떤 종류로 하시겠어요?
ŭm-nyo-su nŭn ŏ-ttŏn jong-nyu ro ha-shi-get-ssŏ-yo?.
Quel genre de boisson voulez-vous ?

24 어떤게 있나요?
ŏ-ttŏn-ge it-na-yo?
Quel genre avez-vous ?

25 쥬스로 할게요.
jyu-sŭ ro hal-gge-yo.
Je vais prendre du jus de fruit.

26 그냥 물이요.
gŭ-nyang mul i-yo.
Juste de l'eau, s'il vous plaît.

27 젓가락/포크/숟가락/냅킨 주세요.
jŏt-ga-rak/po-kŭ/sut-ga-rak/naep-kin ju-se-yo.
S'il vous plaît, donnez-moi une baguette, une fourchette ou une cuillère.

28 주문 하시겠어요?
ju-mun ha-shi-get-ssŏ-yo?
Voulez-vous commander ?

29 주문 도와드릴까요?
ju-mun do-wa-dŭ-ril-gga-yo?
Puis-je vous aider avec votre commande ?

30 시간을 조금 더 주세요.
shi-gan ŭl jo-gŭm dŏ ju-se-yo.
S'il vous plaît, donnez-moi un peu plus de temps.

31 주문하신 음식 나왔습니다.
ju-mun-ha-shin ŭm-shik na-wat-ssŭp-ni-da.
Voici le plat que vous avez commandé.

32 이건 제가 주문한게 아닌데요.
i-gŏn je ga ju-mun-han-ge a-nin-de-yo.
Je n'ai pas commandé ça.

33 다시 확인 해주세요.
da-shi hwag-in hae-ju-se-yo.
Veuillez vérifier à nouveau.

34 사진과 너무 다른데요.
sa-jin gwa nŏ-mu da-rŭn-de-yo.
C'est trop différent de la photo.

35 주방장을 불러주세요.
ju-bang-jang ŭl bul-lŏ-ju-se-yo.
Amenez-moi le cuisinier, s'il vous plaît.

36 음식이 식었어요.
ŭm-shig i shig-ŏ-ssŏ-yo.

La nourriture est froide.

37 음식에서 이게 나왔어요.
ŭm-shig e-sŏ   i-ge   na-wa-ssŏ-yo.

C'était dans ma nourriture.

38 음식이 너무 짜요/싱거워요.
ŭm-shig i   nŏ-mu   jja-yo / shing-gŏ-wŏ-yo.

La nourriture est trop salée/ insipide.

39 이건 어떻게 먹나요?
i-gŏn   ŏ-ttŏ-ke   mŏk-na-yo?

Comment mangez-vous ça ?

40 음식 언제 나오나요?
ŭm-shig ŏn-je   na-o-na-yo?

Quand est-ce que la nourriture arrive ?

41 왜 이렇게 오래 걸리죠?
wae i-rŏt-ke   o-rae   gŏl-li-jyo?

Pourquoi est-ce si long ?

42 주문이 들어갔나요?
ju-mun i   dŭl-ŏ-gat-na-yo?

L'ordre a-t-il été passé ?

43 계산서를 주세요.
gye-san-sŏ rŭl ju-se-yo.

S'il vous plaît, donnez-moi la facture.

44 잘 먹었습니다.
jal mŏg-ŏ-ssŭp-ni-da.

J'ai bien mangé. = Merci pour la bonne nourriture.

45 정말 맛있었어요.
jŏng-mal ma-shi-ssŏ-ssŏ-yo.

C'était vraiment délicieux.

46 배가 불러요.
bae ga bul-lŏ-yo

L'estomac est plein. = Je suis rassasié

47 포장 되나요?
po-jang doe-na-yo.

Peut-on l'emballer ?
= Puis-je l'emporter avec moi ?

48 남은 음식을 싸주세요.
nam-ŭn ŭm-shig ŭl ssa-ju-se-yo.

S'il vous plaît, emballez les restes de nourriture.
= Je voudrais un sac pour chien, s'il vous plaît

CHAPITRE 6. À L'AÉROPORT

01	어느 항공 인가요? ŏ-nŭ hang-gong in-ga-yo?	**Quelle compagnie aérienne est-ce ?**
02	한국항공 입니다. han-guk hang-gong ip-ni-da.	**C'est Hanguk Airline.**
03	201 항공편 입니다. i-gong-il hang-gong-pyŏn ip-ni-da.	**C'est le vol 201.**
04	여권을 보여주세요. yŏ-ggwŏn ŭl bo-yŏ-ju-se-yo.	**S'il vous plaît, montrez-moi votre passeport.**
05	예약을 확인 해주세요. ye-yag ŭl hwag-in hae-ju-se-yo.	**Pourriez-vous confirmer ma réservation ?**
06	이번/다음 터미널에 내려주세요. i-bŏn / da-ŭm tŏ-mi-nŏl e nae-ryŏ-ju-se-yo.	**S'il vous plaît, déposez-moi à ce terminal ou au prochain.**
07	수속을 하려고요. su-sog ŭl ha-ryŏ-go-yo.	**Je voudrais m'enregistrer, s'il vous plaît.**
08	수속 카운터는 어디인가요? su-sok ka-un-tŏ nŭn ŏ-di-in-ga-yo?	**Où est le comptoir d'enregistrement ?**
09	부산까지 가시죠? bu-san gga-ji ga-shi-jyo?	**Tu vas à Busan, n'est-ce pas ?**

10 직항이죠?
jik-hang i-jyo?

C'est un vol direct, n'est-ce pas ?

11 어떤 목적으로 가시나요?
ŏ-ttŏn mok-jŏg ŭ-ro ga-shi-na-yo?

Quel est le but de votre voyage ?

12 짐을/수하물을 부치시나요?
jim ŭl / su-ha-mul ŭl bu-chi-shi-na-yo?

Enregistrez-vous vos bagages ?

13 짐이/수하물이 몇개인가요?
jim i / su-ha-mul i myŏt-gae-in-ga-yo?

Combien de sacs / bagages y a-t-il ?

14 짐은/수하물은 무게 제한이 얼마죠?
jim ŭn / su-ha-mul ŭn mu-ge je-han i ŏl-ma-jyo?

Quelle est la limite de poids (pour les bagages) ?

15 짐이 무게를 초과했어요.
jim i mu-ge rŭl cho-gwa-hae-ssŏ-yo.

(Vos) bagages dépassent le poids (limite).

16 몇개를 뺄게요.
myŏt-gae rŭl bbael-gge-yo.

Je vais sortir quelque chose.

17 얼마나 초과되었나요?
ŏl-ma-na cho-gwa-doe-ŏt-na-yo?

Combien il y a au-dessus ?

18 이제 어떤가요?
i-je   ŏ-ttŏn-ga-yo?

Et maintenant ?

19 수속 하셨나요?
su-sok ha-shŏt-na-yo?

Vous êtes-vous enregistré ?

20 아니요, 수속 좀 도와주세요.
a-ni-yo,   su-sok jom do-wa-ju-se-yo.

Non, s'il vous plaît, aidez-moi à m'enregistrer.

21 인터넷으로 예약을 했어요.
in-tŏ-ne-sŭ-ro   ye-yag ŭl hae-ssŏ-yo.

J'ai fait des réservations sur Internet.

22 여기 제 예약번호가 있습니다.
yŏ-gi   je ye-yak-bŏn-ho ga it-ssŭp-ni-da.

Voici mon numéro de réservation.

23 마일리지가 적립되었습니다.
ma-il-li-ji ga jŏng-nip-doe-ŏ-ssŭp-ni-da.

Des miles ont été accumulés.

24 초과 수화물 비용이 있나요?
cho-gwa su-hwa-mul bi-yong i it-na-yo?

Y a-t-il des frais pour l'excédent de bagages ?

25 카트는 어디 있나요?
ka-tŭ nŭn ŏ-di it-na-yo?

Où sont les voitures ?

26 좌석이 지정되어 있나요?
jwa-sŏg i ji-jŏng-doe-ŏ it-na-yo?

Les sièges sont-ils réservés ?

27 제 좌석은 어디죠?
je jwa-sŏg ŭn ŏ-di-jyo?

Où est ma place ?

28 좌석 변경이 가능한가요?
jwa-sŏk byŏn-gyŏng i ga-nŭng-han-ga-yo?

Je peux changer de place ?

29 창가쪽/복도쪽/가운데 좌석 있나요?
chang-gga-jjok/bok-ddo-jjok/ga-un-dae jwa-sŏk it-na-yo?

Avez-vous un siège de fenêtre / îlot / centre disponible ?

30 창가쪽/복도쪽/가운데 좌석 부탁합니다.
chang-gga-jjok/bok-ddo-jjok/ga-un-dae jwa-sŏg
bu-tak-hap-ni-da.

Une (un) fenêtre / île / siège du milieu, s'il vous plaît.

31 정시에 출발하나요?
jŏng-shi e chul-bal ha-na-yo?

Part-il à l'heure prévue ?

32 동반자가 있나요?
dong-ban-ja ga it-na-yo?

Avez-vous un compagnon ?

33 비자가 있나요?
bi-za ga it-na-yo?

Avez-vous un visa ?

34 신분증을 보여주세요.
shin-bun-tzŭng ŭl bo-yŏ-ju-se-yo.

Montrez-moi votre carte, s'il vous plaît.

35 몇시에 탑승 시작하죠?
myŏ-sshi-e tap-sŭng shi-jag-ha-jyo?

Quand commence l'embarquement ?

36 만석입니다.
man-sŏg ip-ni-da.

Toutes les places sont prises.
= Nous avons un vol complet.

37 탑승권을 보여주세요.
tap-sŭng-ggwŏn ul bo-yŏ-ju-se-yo.

Montrez-moi votre carte d'embarquement, s'il vous plaît.

38 한국항공 카운터는 어디죠?
han-guk-hang-gong ka-un-tŏ nŭn ŏ-di-jyo?

Où est le comptoir de Hanguk Airline ?

39 짐은 어디에서 찾나요?
jim ŭn ŏ-di e-sŏ chat-na-yo?

Où dois-je récupérer mes bagages ?

40 짐을 잃어버렸어요.
jim-ŭl il-ŏ-bŏ-ryŏ-ssŏ-yo.

J'ai perdu mes bagages.

41 면세점은 어디죠?
myŏn-se-jŏm ŭn ŏ-di-jyo?

Où se trouve la boutique hors taxes ?

42 애완동물도 탑승이 가능한가요?
ae-wan-dong-mul do tap-sŭng-i ga-nŭng-han-ga-yo?

Je peux amener des animaux dans l'avion ?

43 환승 게이트는 어디죠?
hwan-sŭng ge-i-tŭ-nŭn ŏ-di-jyo?

Où est la porte de transfert ?

44 연착 되었나요?
yŏn-chak doe-ŏt-na-yo?

Est-il en retard ?

45 다음 비행기편에 늦었습니다.
da-ŭm bi-haeng-gi-pyŏn e nŭ-zŏt-ssŭp-ni-da.

Je suis en retard pour (mon) vol de correspondance.

46 비행기를 놓칠 것 같아요.
bi-haeng-gi rŭl not-chil-gŏt gat-a-yo.

Je pense que je vais manquer (mon) avion (= vol).

47 제가 먼저 가도 될까요?
je ga mŏn-jŏ ga-do doel-gga-yo?

Puis-je commencer ?

48 줄이 기네요.
jul i gi-ne-yo.

Il y a une longue file d'attente.

49 여행자보험을 구입하고 싶은데요.
yŏ-haeng-ja bo-hŏm-ŭl gu-ip-ha-go ship-ŭn-de-yo.

J'aimerais acheter une assurance voyage.

50 면세품을 주문하고 싶은데요.
myŏn-se-pum ŭl ju-mun-ha-go ship-ŭn-de-yo.

J'aimerais commander des articles hors taxes.

51 여권을 집에 놓고 왔어요.
yŏ-ggwŏn-ŭl jib e not-ko wa-ssŏ-yo.

J'ai laissé mon passeport à la maison.

52 금지된 물건이 있나요?
gŭm-ji-doen mul-gŏn i it-na-yo?

Y a-t-il des articles à usage restreint ?

53 깨지기 쉬운 물건이 들어있어요.
ggae-ji-gi shwi-un mul-gŏn i dŭl-ŏ-i-ssŏ-yo.

Il contient des objets fragiles.

54 짐이 서울까지 가나요?
jim i sŏ-ul gga-ji ga-na-yo?

Mes bagages iront-ils à Séoul ?

55 도쿄까지 연결되나요?
to-kyo gga-ji yŏn-gyŏl-doe-na-yo?

Est-ce qu'il est relié à Tokyo ?

56 짐을 다시 찾아야 하나요?
jim ŭl da-shi cha-ja-ya ha-na-yo?

Dois-je récupérer mes bagages ?

57 게이트가 몇번인가요?
ge-i-tŭ ga myŏt bŏn in-ga-yo?

Quel numéro est la porte ?

58 짐을 부치시겠어요?
jim ŭl bu-chi-shi-get-ssŏ-yo?

Souhaitez-vous enregistrer (votre) sac ?

59 아니요, 들고 탈게요.
a-ni-yo, dŭl-go tal-gge-yo.

Non, je vais l'emporter à bord.

60 아기도 티켓을 사야 하나요?
a-gi do ti-ke sŭl sa-ya ha-na-yo?

Un bébé/nourrisson doit-il aussi acheter
un billet ?

61 아기가 몇 살이죠?
a-gi ga myŏt sal i-jyo?

Quel âge a le bébé

62 세 살입니다.
se sal ip-ni-da.

Il / elle a trois ans.

63 신발을/안경을 벗어야 하나요?
shin-bal ŭl/an-gyŏng ŭl bŏ-sŏ-ya ha-na-yo?

Dois-je retirer mes chaussures / lunettes ?

64 랩탑을 꺼내야 하나요?
leb-tab ŭl ggŏ-nae-ya ha-na-yo?
Dois-je retirer (mon) ordinateur portable ?

65 모자를 벗어주세요.
mo-ja rŭl bŏ-sŏ-ju-se-yo.
Veuillez retirer votre chapeau.

66 안경도 벗어야 하나요?
an-gyŏng do bŏ-sŏ-ya ha-na-yo?
Dois-je retirer mes lunettes ?

67 탑승을 시작합니다.
tap-sŭng ŭl shi-jak-hap-ni-da.
Nous commençons à embarquer.

68 탑승을 마감합니다.
tap-sŭng ŭl ma-gam-hap-ni-da.
Nous finissons l'embarquement. = Nous allons fermer le vol.

69 제가 먼저 왔는데요.
je ga mŏn-jŏ wat-nŭn-de-yo.
J'étais ici le premier.

70 줄이 여기인가요?
jul i yŏ-gi in-ga-yo?
C'est ça la ligne ?

71 도와주시겠어요?
do-wa-ju-si-get-ssŏ-yo?.
Pourriez-vous m'aider ?

72 비행기를 놓쳤어요.
bi-haeng-gi rŭl not-chŏ-ssŏ-yo.
(J'ai) raté (mon) avion (= vol).

73 연결편이 연착/취소되었어요.
yŏn-gyŏl-pyŏn i yŏn-chak/chwi-so doe-ŏ-ssŏ-yo.
Le vol de correspondance est retardé / annulé.

74 비행기가 연착/취소되었어요.
bi-haeng-gi ga yŏn-chak/chwi-so doe-ŏ-ssŏ-yo.
L'avion (= vol) est retardé / annulé.

75 보상을 원합니다.
bo-sang ŭl wŏn-hap-ni-da.
Je veux une compensation.

76 호텔을 제공해주세요.
ho-tel ŭl je-gong hae-ju-se-yo.
Veuillez me donner un hôtel.

77 남은 자리가 있나요?
nam-ŭn ja-ri ga it-na-yo?
Avez-vous encore des places disponibles ?

78 자리가 다 찼네요.
ja-ri ga da chat-ne-yo.
Les sièges sont tous remplis. = Toutes les places sont remplies.

79 편도입니까? / 왕복입니까?
pyŏn-do ip-ni-gga? / wang-bog ip-ni-gga?
Est-ce un vol simple ? Est-ce un vol de retour ?

80 편도는/왕복은 얼마죠?
pyŏn-do nŭn / wang-bog ŭn ŏl-ma-jyo?
Combien coûte un vol aller/retour ?

81 가장 빠른 다음 편은 언제죠?
ga-jang bba-rŭn da-ŭm pyŏn ŭn ŏn-je-jyo?
Quel est le prochain vol le plus rapide (= le plus tôt) ?

82 짐이 도착을 안했어요.
jim i do-chag ŭl an-hae-ssŏ-yo.
(Mes) bagages ne sont pas arrivés.

83 가방이 부숴졌어요.
ga-bang i bu-swŏ-jyŏ-ssŏ-yo.
(Mon) sac a été endommagé.

84 지갑이 없어졌어요.
ji-gab i op-ssŏ-jyŏ-ssŏ-yo.
(Mon) portefeuille a disparu.

85 환전을 하고 싶은데요.
hwan-jŏn ŭl ha-go ship-ŭn-de-yo.
Je veux changer de l'argent.

86 환율이 어떻게 되나요?
hwan-yul i ŏ-ttŏ-ke doe-na-yo?
Quel est le taux de change ?

87 10만원 어치 바꿔주세요.
ship ma-wŏn ŏ-chi ba-ggwŏ-ju-se-yo.
Veuillez échanger 100 000 won.

88 원으로/달러로 바꿔주세요.
wŏn ŭ-ro / dal-lŏ ro ba-ggwŏ-ju-se-yo.
Veuillez échanger en won/dollar.

89 버스는/택시는 어디에서 타나요?
bŏ-sŭ nŭn/tek-shi nŭn ŏ-di-e-sŏ ta-na-yo?
(D') où dois-je prendre le bus/taxi ?

90 미국까지 가나요?
mi-guk gga-ji ga-na-yo?
Allez-vous aux USA ?

01 여기 제 자리 같은데요.
yŏ-gi je ja-ri gat-ŭn-de-yo?

Je pense que c'est ma place.

02 자리를 확인 해 주시겠어요?
ja-ri rŭl hwag-in hae ju-shi-get-ssŏ-yo?

Pourriez-vous s'il vous plaît vérifier votre siège ?

03 자리 찾는 것 좀 도와주세요.
ja-ri chat-nŭn gŏt jom do-wa-ju-se-yo.

S'il vous plaît, aidez-moi à trouver ma place.

04 여기는 제 자리입니다.
yŏ-gi nŭn je ja-ri ip-ni-da.

C'est ma place

05 여권과 탑승권을 보여주세요.
yŏ-ggwŏn-gwa tap-sŭng-gwŏn ŭl bo-yŏ-ju-se-yo.

Veuillez me montrer votre passeport et votre carte d'embarquement.

06 들고 타도 되나요?
dŭl-go ta-do doe-na-yo?

Puis-je continuer ?

07 강아지가/고양이가 있어요.
gang-a-ji ga / go-yang-i ga i-ssŏ-yo.

J'ai un chiot (chien) / un chat.

08 짐을 실어주세요.
jim ŭl shil-ŏ-ju-se-yo.

Veuillez charger (mes) bagages.

09 짐이 무겁습니다.
jim i mu-gŏp-sŭp-ni-da.

(Mes) bagages sont lourds.

10 짐을 꺼내주세요.
jim ŭl ggŏ-nae-ju-se-yo.

Veuillez sortir mes bagages.

11 좀 도와주시겠어요?
jom do-wa-ju-shi-get-ssŏ-yo?

Pourriez-vous s'il vous plaît m'aider un peu ?

12 가방 안에 무엇이 들어있나요?
ga-bang an-e mu-ŏ shi dŭl-ŏ-it-na-yo?

Qu'y a-t-il dans votre poche ?

13 비상구는 어디입니까?
bi-sang-gu nŭn ŏ-di-ip-ni-gga?

Où est la sortie de secours ?

14 벨트를 매 주세요.
bel-tŭ rŭl mae ju-se-yo.

Veuillez attacher votre ceinture.

15 기내에서는 금연입니다.
gi-nae-e-sŏ nŭn gŭm-yŏn-ip-ni-da.

Il est interdit de fumer dans l'avion. = Il est interdit de fumer à bord.

16 휴대폰은 비행기 모드로 바꿔주세요.
hyu-dae-pon ŭn bi-haeng-gi mo-dŭ ro ba-ggwŏ-ju-se-yo.

Veuillez mettre (votre) téléphone portable en mode avion.

17 전자기기를 모두 꺼주세요.
jŏn-ja-gi-gi rŭl mo-du ggŏ-ju-se-yo.

Veuillez éteindre tous (vos) appareils électroniques.

18 휴대폰을 써도 되나요?
hyu-dae-pon ŭl ssŏ-do doe-na-yo?

Puis-je utiliser (mon) téléphone portable ?

19 화장실에 가도 되나요?
hwa-jang-shil e ga-do doe-na-yo?

Puis-je aller aux toilettes ?

20 승무원의 안내에 따라주세요.
sŭng-mu-wŏn ŭi an-nae-e tta-ra-ju-se-yo.

Veuillez suivre les instructions de l'agent de bord.

21 등받이를 세워주세요.
dŭng-ba-ji rŭl se-wŏ-ju-se-yo.

Veuillez replier le fauteuil (= siège).

22 창문을 올려주세요.
chang-mun-ŭl ol-lyŏ-ju-se-yo.

Veuillez ouvrir la fenêtre.

23 기류가 불안정합니다.
gi-ryu ga bul-an-jŏng-hap-ni-da.

Le flux d'air est instable.
= **Nous avons des turbulences.**

24 자리로 돌아가주세요.
ja-ri ro dol-a-ga-ju-se-yo.

Veuillez retourner à votre siège.

25 언제 출발하나요?
ŏn-je chul-bal ha-na-yo?

Quand partons-nous ?

26 언제 도착하나요?
ŏn-je do-chak ha-na-yo?

Quand arrivons-nous ?

27 기내식은 언제 나오나요?
gi-nae-shig ŭn ŏn-je na-o-na-yo?

Quand les repas sont-ils servis à bord ?

28 메뉴를 볼 수 있을까요?
me-nyu rŭl bol su i-ssŭl-gga-yo?

Puis-je voir le menu ?

29 알러지가 있으신가요?
al-lŏ-ji ga i-ssŭ-shin-ga-yo?

Avez-vous des allergies ?

30 땅콩에 알러지가 있습니다.
ttang-kong e al-lŏ-j i ga it-ssŭp-ni-da.

Je suis allergique aux cacahuètes.

31 식사를 드리겠습니다.
shik-sa rŭl dŭ-ri-get-ssŭp-ni-da.

Nous vous servons les repas.

32 어느 것으로 하시겠습니까?
ŏ-nŭ gŏ sŭ-ro ha-shi-get-ssŭm-ni-gga?

Lequel aimeriez-vous choisir ?

33 식사를 바꿔도 되나요?
shik-sa rŭl ba-ggwŏ-do doe-na-yo?

Puis-je changer ma nourriture ?

34 기내식이 나올때 깨워주세요.
gi-nae-shig i na-ol-ttae ggae-wŏ-ju-se-yo.

Veuillez me réveiller lorsque les repas (à bord) sont servis.

35 머리가 아파요.
mŏ-ri ga a-pa-yo.

(Ma) tête me fait mal.

36 두통이 심합니다.
du-tong i shim-hap-ni-da.

J'ai un gros mal de tête.

37 토할 것 같아요.
to-hal gŏt gat-a-yo.
Je pense que je vais vomir.

38 멀미가 심하네요.
mŏl-mi ga shim-ha-ne-yo.
(Mon) mal de l'air est grave. = J'ai le mal de l'air.

39 속이 좋지 않아요.
sog i jot-chi a-na-yo.
J'ai mal à l'estomac.

40 진통제 있나요?
jin-tong-je it-na-yo?
Avez-vous un analgésique ?

41 비행기안에 의사가 있나요?
bi-haeng-gi an-e ŭi-sa ga it-na-yo?
Y a-t-il un médecin dans l'avion ?

42 충전이 가능한가요?
chung-jŏn i ga-nŭng-han-ga-yo?
Puis-je recharger (le téléphone) ?

43 팔걸이가 고장났어요.
pal-gŏl-i ga go-jang-na-ssŏ-yo.
L'accoudoir est cassé.

44 리모콘이 작동을 안해요.
ri-mo-kon i jak-dong ŭl an-hae-yo.
La télécommande ne fonctionne pas.

45 엔진에서 연기가 나요.
en-jin e-sŏ yŏn-gi ga na-yo.
De la fumée sort du moteur.

46 비상사태입니다.
bi-sang-sa-tae ip-ni-da.
C'est une urgence.

47 의자가 고장났어요.
ŭi-ja ga go-jang-na-ssŏ-yo.
La chaise (= siège) est cassée.

48 불이 안 켜져요.
bul i an kyŏ-jyŏ-yo.
La lumière ne s'allume pas.

49 티비를 어떻게 사용하죠?
ti-bi rŭl ŏ-ttŏ-gge sa-yong-ha-jyo?
Comment utiliser le téléviseur ?

50 티비가 안나와요.
ti-bi ga an-na-wa-yo.
La télévision ne fonctionne pas.

51 저 승객이 이상해요.
jŏ sŭng-gaeg i i-sang-hae-yo.
Ce passager est bizarre/étrange.

52 많이 취한 것 같아요.
man-i chwi-han gŏt gat-a-yo.
(Il / Elle) semble être très ivre.

53 다른 자리로 옮겨도 될까요?
da-rŭn ja-ri ro om-gyŏ-do doel-gga-yo?
Puis-je changer de siège ?

54 빨리 내려야 해요.
bbal-li nae-ryŏ-ya hae-yo.
Je dois sortir rapidement.

55 어디까지 가세요?
ŏ-di gga-ji ga-se-yo?
Jusqu'où allez-vous
= Où est votre destination finale ?

56 저도 거기에 갑니다.
jŏ do gŏ-gi e gap-ni-da.
J'y vais aussi.

57 여행 가시나요?
yŏ-haeng ga-shi-na-yo?
Vous partez en voyage ?

58 코를 골아서 죄송합니다.
ko rŭl gol-a-sŏ joe-song-hap-ni-da.
Désolé pour le ronflement.

59 안대 있나요?
an-dae it-na-yo?
Avez-vous des lunettes de sommeil ?

60 담요를 주세요.
dam-nyo rŭl ju-se-yo.
S'il vous plaît, donnez-moi une couverture.

61 물 좀 주세요.
mul jom ju-se-yo.
Donnez-moi de l'eau, s'il vous plaît.

62 심하게 흔들리네요.
shim-ha-ge hŭn-dŭl-li-ne-yo.
Il tremble excessivement.

63 면세품은 어디서 찾나요?
myŏn-se-pum ŭn ŏ-di-sŏ chat-na-yo?
Où puis-je prendre des articles hors taxes ?

64 면세 한도가 어떻게 되나요?
myŏn-se han-do ga ŏ-ttŏ-ke doe-na-yo?
Quelle est la limite de la Frontière hors taxes ?

65 이것을 사고 싶어요.
i-gŏ sŭl sa-go ship-ŏ-yo.

Je veux acheter ça.

66 여기 있습니다.
yŏ-gi   it-ssŭp-ni-da.

Voilà.

67 필요한게 있으면 알려주세요.
pil-yo-han-ge i-ssŭ-myŏn al-lyŏ-ju-se-yo.

Faites-moi savoir si vous avez besoin de quelque chose.

68 현지 시각은 몇시죠?
hyŏn-ji shi-gag ŭn myŏ-sshi-jyo?

Quelle heure est-il maintenant ?

69 입국신고서를 작성해주세요.
ip-guk-shin-go-sŏ rŭl jak-sŏng hae-ju-se-yo.

Veuillez remplir la carte d'arrivée.

70 세관 신고서를 작성 해주세요.
se-gwan shin-go-sŏ rŭl jak-sŏng hae-ju-se-yo.

Veuillez remplir le formulaire de déclaration en douane.

CHAPITRE 8. VISA & IMMIGRATION

01 어떤 일로 오셨나요?
ŏ-ttŏn il lo o-shŏt-na-yo?

Quelle est la nature de votre activité ?
= Quel est le but de votre visite ?

02 비자를 갱신하려고요.
bi-za rŭl gaeng-shin ha-ryŏ-go-yo.

Je voudrais faire renouveler (mon) visa.

03 비자가 만기되었어요.
bi-za ga man-gi doe-ŏ-ssŏ-yo.

(Mon/votre) visa a expiré.

04 어떤 비자를 갖고 계시죠?
ŏ-ttŏn bi-za rŭl gat-go gye-shi-jyo?

Quel genre de visa avez-vous ?

05 관광/투자/학생 비자입니다.
gwan-gwang/tu-ja/hak-saeng bi-za ip-ni-da.

Il s'agit d'un visa touriste / investisseur / étudiant.

06 영주권자인가요?
yŏng-ju-gwŏn-ja in-ga-yo?

Êtes-vous un résident permanent ?

07 어느 나라 국적이시죠?
ŏ-nŭ na-ra guk-jŏk i-shi-jyo?

Quelle est votre nationalité ?

08 신청서를 작성해주세요.
shin-chiŏng-sŏ rŭl jak-sŏng hae-ju-se-yo.

Veuillez remplir le formulaire de demande.

09 서류가 부족합니다.
sŏ-ryu-ga bu-jok-hap-ni-da.

Les documents ne sont pas suffisants.
= Il vous manque des documents.

10 서류가 빠진 것 같아요.
sŏ-ryu ga bba-jin gŏt gat-a-yo.

Il semble que des documents manquent.

11 신청서가 통과되지 못했습니다.
shin-chŏng-sŏ ga tong-gwa-doe-ji mot-haet-sŭp-ni-da.

(Votre) demande n'a pas été acceptée.

12 신청서가 통과되었습니다.
shin-chŏng-sŏ ga tong-gwa doe-ŏt-ssŭp-ni-da.

(Votre) demande a été acceptée.

13 다시 작성해주세요.
da-shi jak-sŏng hae-ju-se-yo.

Veuillez le remplir à nouveau.

14 담당자가 자리에 없습니다.
dam-dang-ja ga ja-ri-e ŏp-sŭp-ni-da.

La personne responsable n'est pas là.

15 어디 한번 볼까요?
ŏ-di han-bŏn bol-gga-yo?

On va jeter un coup d'œil ?

16 빠진게 없는지 확인해보세요.
bba-jin-ge ŏp-nŭn-ji hwag-in hae-bo-se-yo.

Veuillez vérifier s'il manque quelque chose.

17 이렇게 작성하면 되나요?
i-rŏt-ke jak-sŏng ha-myŏn doe-na-yo?

Je peux le remplir comme ça ?

18 어떻게 작성해야 하나요?
ŏ-ttŏ-ke jak-sŏng hae-ya ha-na-yo?

Comment dois-je le remplir ?

19 이 부분이 잘 이해가 안됩니다.
i bu-bun i jal i-hae ga an-doep-ni-da.

Je ne comprends pas bien cette partie.

20 필요한 서류는 무엇인가요?
pil-yo-han sŏ-ryu nŭn mu-ŏ-shin-ga-yo?

Quels sont les documents nécessaires / requis ?

21 어느 부서로 가면 될까요?
ŏ-nŭ bu-sŏ ro ga-myŏn doel-gga-yo?

Dans quel service dois-je aller ?

22 오늘 중으로 처리 될까요?
o-nŭl jung-ŭ-ro chŏ-ri doel-gga-yo?

Sera-t-il traité dans la journée ?

23 택배로 보내주세요.
tek-bae-ro bo-nae-ju-se-yo.

Veuillez l'envoyer par service de messagerie.

24 자리에서 대기해 주세요.
ja-ri-e-sŏ dae-gi hae ju-se-yo.

Veuillez attendre de votre siège.

25 번호표를 뽑아주세요.
bŏn-ho-pyo rŭl bbob-a ju-se-yo.

Veuillez prendre une carte numérotée.

26 아직 차례가 아닙니다.
a-jik cha-rye ga a-nip-ni-da.

Ce n'est pas encore votre tour.

27 온라인으로도 신청 가능합니다.
on-la-in   ŭ-ro do shin-chŏng ga-nŭng-hap-ni-da.

Vous pouvez également le soumettre en ligne.

28 내일 다시 오세요.
nae-il da-shi   o-se-yo.

Revenez demain, s'il vous plaît.

29 며칠 정도 걸릴까요?
myŏ-chil jŏng-do gŏl-lil-gga-yo?

Combien de jours cela prendrait-il ?

30 통역이 있나요?
tong-yŏk i it-na-yo?

Avez-vous un interprète ?

31 공증을 받아야 합니다.
gong-zŭng ŭl bad-a ya hap-ni-da.

Vous devez le faire notarier.

32 인터뷰를 해야합니다.
in-tŏ-byu rŭl hae-ya-hap-ni-da.

Vous devez faire une interview.

33 변호사가 동행해도 되나요?
byŏn-ho-sa ga dong-haeng hae-do doe-na-yo?

Un avocat peut-il m'accompagner ?

34 귀화를 신청하고 싶습니다.
gwi-hwa rŭl shin-chŏng ha-go-ship-ssŭp-ni-da.

Je veux faire une demande de naturalisation.

35 귀화 절차는 어떻게 되나요?
gwi-hwa jŏl-cha nŭn ŏ-ttŏ-ke doe-na-yo?

Quelle est la procédure de naturalisation ?

36 이중국적이 허용되나요?
i-jung guk-jŏg i hŏ-yong-doe-na-yo?

La double citoyenneté est-elle autorisée ?

37 여권이 만료되었어요.
yŏ-ggwŏn i mal-lyo-doe-ŏt-ŏ-yo.

(Mon/votre) passeport a expiré.

38 사진이 필요합니다.
sa-jin i pil-yo-hap-ni-da.

Vous avez besoin d'une photo.

39 수수료가 얼마죠?
su-su-ryo ga ŏl-ma-jyo?

A combien s'élèvent les frais ?

40 검색대를 통과해야 합니다.
gŏm-saek-dae rŭl tong-gwa hae-ya hap-ni-da.

Vous devez passer par le scanner.

41 소지품은 여기에 맡기세요.
so-ji-pum ŭn yŏ-gi e mat-gi-se-yo.

Laissez vos affaires ici, s'il vous plaît.

42 나가실때 찾으세요.
na-ga-shil-ttae cha-zŭ-se-yo.

Emmenez-les avec vous quand vous partirez.

43 함께 들어가도 되나요?
ham-gge dŭl-ŏ-ga-do doe-na-yo?

Je peux y aller ensemble ?

44 서류가 처리되었습니다.
sŏ-ryu ga chŏ-ri doe-ŏt-ssŭp-ni-da.

Les documents ont été traités.

45 승인/거절되었습니다.
sŭng-in/gŏ-jŏl doe-ŏt-ssŭp-ni-da.

Il a été approuvé / rejeté (= refusé).

46 한국에서 하시는 일이 뭐죠?
han-guk e-sŏ ha-shi-nŭn il i mwŏ-jyo?

Quel est votre travail en Corée ?

47 어디에서 일하고 계시죠?
ŏ-di e-sŏ il-ha-go gye-shi-jyo?

Où travaillez-vous ? = Où est ce que vous travaillez ?

48 한국에 얼마나 머무실 예정인가요?
han-gug e ŏl-ma-na mŏ-mu-shil ye-jŏng-in-ga-yo?

Combien de temps comptez-vous rester en Corée ?

49 면세한도를 초과한 물품이 있나요?
myŏn-se-han-do-rŭl cho-gwa-han mul-pum i it-na-yo?

Avez-vous des articles qui dépassent la limite douanière ?

50 금지된 품목이 있나요?
gŭm-ji-doen pum-mog i it-na-yo?

Avez-vous des objets interdits ?

51 한국 방문 목적이 어떻게 되시죠?
han-gug bang-mun mok-jŏg i ŏ-ttŏ-ke doe-shi-jyo?

Quel est le but de votre visite en Corée ?

52 한국에서는 어디에 머무르시죠?
han-guk e-sŏ nŭn ŏ-di-e mŏ mu-rŭ-shi-jyo?

Où vivez-vous en Corée ?

53 관광 목적으로 왔습니다.
gwan-gwang mok-jŏg ŭ-ro wat-ssŭp-ni-da.

Je suis venu pour faire du tourisme.

54 한국호텔에 머무릅니다.
han-guk ho-tel e mŏ-mu-rŭp-ni-da.

Je suis à l'hôtel Hanguk.

55 짐은 이게 전부입니다.
jim ŭn i-ge jŏn-bu ip-ni-da.

C'est tout (pour mes) bagages.

56 홍대에서 공부하고 있습니다.
hong-dae e-sŏ gong-bu ha-go-it-ssŭp-ni-da.

J'étudie à Hongdae.

57 약 6개월 머무를 예정입니다.
yak yuk-gae-wŏl mŏ-mu-rŭl ye-jŏng-ip-ni-da.

Je prévois de rester environ 6 mois.

58 보증인의 편지입니다.
bo-zŭng-in-ŭi pyŏn-ji ip-ni-da.

(Ceci) est une lettre de (mon) parrain.

59 2차 심사실로 가주세요.
i-cha shim-sa-shil ro ga-ju-se-yo.

S'il vous plaît, allez dans la salle de projection secondaire.

60 이제 다 되셨습니다.
i-je da doe-shŏt-ssŭp-ni-da.

Tout est prêt maintenant.

61 가보셔도 좋습니다.
ga-bo-shŏ-do jot-ssŭp-ni-da.

Vous pouvez partir maintenant. / Vous êtes prêt à partir.

62 즐거운 여행 되세요.
jŭl-gŏ-un yŏ-haeng doe-se-yo.

Faites un bon voyage.

CHAPITRE 9. TAXI

01 택시!
tek-shi!

Taxi !

02 반포까지 가주세요.
banpo gga-ji ga-ju-se-yo.

S'il vous plaît, allez à Banpo.

03 반포에 가려고 하는데요.
banpo e ga-ryŏ-go ha-nŭn-de-yo.

J'essaie d'aller à Banpo.

04 주소를 보여 드릴게요.
ju-so rŭl bo-yŏ dŭ-ril-gge-yo.

Laissez-moi vous montrer l'adresse.

05 이게 주소입니다.
i-ge   ju-so ip-ni-da.

Voici l'adresse.

06 목적지가 어디죠?
mok-jŏk-ji ga ŏ-di-jyo?

Où est la cible ?

07 목적지는 여기입니다.
mok-jŏk-ji nŭn yŏ-gi ip-ni-da.

Ici (= cela) est la cible.

08 여기로 가주세요.
yŏ-gi ro ga-ju-se-yo.

S'il vous plaît, allez ici. = Veuillez m'amenez ici.

09 어디로 갈까요?
ŏ-di ro gal-gga-yo?

Où allons-nous ?

10 빨리 가주세요.
bbal-li ga-ju-se-yo.

S'il vous plaît, allez vite.
= S'il vous plaît, dépêchez-vous.

11 빠른 길로 가주세요.
bba-rŭn gil ro ga-ju-se-yo.

Veuillez prendre le chemin le plus rapide.

12 지름길로 가주세요.
ji-rŭm-gil ro ga-ju-se-yo.

Veuillez prendre le raccourci.

13 여기 세워주세요.
yŏ-gi se-wŏ-ju-se-yo.

S'il vous plaît, arrêtez-vous ici.
= Veuillez-vous arrêter ici.

14 여기 내릴게요.
yŏ-gi nae-ril-gge-yo.

Je vais descendre ici.

15 수고하세요.
su-go-ha-se-yo.

(Lit) Continuez le bon travail. = Merci.

16 내비를 따라 가주세요.
ne-bi rŭl tta-ra ga-ju-se-yo.

Veuillez suivre la navigation.

17 돌아가는 것 같은데요.
dol-a-ga-nŭn gŏt gat-ŭn-de-yo.

Je pense qu'on va faire le tour.

18 이 길이 아닙니다.
i gil i a-nip-ni-da.

Ce n'est pas par là.

19 이쪽으로 가면 안돼요.
i-jjog ŭ-ro ga-myŏn an-doe-yo.

Vous ne devriez pas passer par là.

20 카드로 계산할게요.
ka-dŭ ro gye-san-hal-gge-yo.

Je vais payer avec une carte de crédit.

21 현금이 없어요.
hyŏn-gŭm i ŏp-ssŏ-yo.

Je n'ai pas de liquide.

22 요금이 너무 많이 나왔어요.
yo-gŭm i nŏ-mu man-i na-wa-ssŏ-yo.

Le tarif est trop élevé.

23 경찰서로 갑시다.
gyŏng-chal-sŏ ro gap-shi-da.

Allons au poste de police.

24 이건 아니죠.
i-gŏn   a-ni-jyo.

Ce n'est pas juste.

25 외국인이라고 바가지 씌우면 안돼요.
oe-gug-in i-ra-go   ba-ga-ji ssi-u-myŏn an-doe-yo.

Vous ne devriez pas me faire chier parce que je suis un étranger.

26 직진 해주세요.
jik-jin hae-ju-se-yo.

Veuillez conduire tout droit.

27 계속 가주세요.
gye-sok ga-ju-se-yo.

Veuillez continuer à conduire.

28 좌회전/우회전 해주세요.
jwa-hoe-jŏn/u-hoe-jŏn hae-ju-se-yo.

Veuillez tourner à gauche/droite.

29 여기서/저기서 직진 해주세요.
yŏ-gi-sŏ/jŏ-gi-sŏ jik-jin/u-hoe-jŏn hae-ju-se-yo.

S'il vous plaît, allez tout droit dans cette rue.

30 이번/다음 신호등에서 유턴 해주세요.
i-bŏn / da-ŭm shin-ho-dŭng e-sŏ yu-tŏn hae-ju-se-yo.

Faites demi-tour à ce feu de circulation.

31 이번/다음 골목으로 들어가 주세요.
i-bŏn / da-ŭm gol-mog ŭ-ro   dŭl-ŏ-ga ju-se-yo.

Veuillez conduire dans cette / la prochaine allée.

32 지나쳤어요.
ji-na-chyŏ-ssŏ-yo.

Vous l'avez manqué.

33 너무 많이 왔어요.
nŏ-mu man-i wa-ssŏ-yo.

Vous êtes allé trop loin.

34 여기가 아닌데요.
yŏ-gi ga   a-nin-de-yo.

Ici (= ceci) n'est pas (le lieu/ la destination).

35 아까 거기로 돌아가 주세요.
a-gga gŏ-gi ro   dol-a-ga ju-se-yo.

S'il vous plaît, retournez à l'endroit où nous étions avant.

36 목적지가 바뀌었어요.
mok-jŏk-ji ga ba-ggwi-ŏ-ssŏ-yo.

La destination a été modifiée.

37 통역을 부탁합니다.
tong-yŏg ŭl bu-tak-hap-ni-da.

Je voudrais un traducteur.

38 영수증을 주세요.
yŏng-su-zŭng ŭl ju-se-yo.

Donnez-moi le reçu, s'il vous plaît.

39 신고 할거예요.
shin-go hal-gŏ-ye-yo.

Je vais faire un rapport.

40 트렁크 좀 열어주세요.
tŭ-rŏng-kŭ jom yŏl-ŏ-ju-se-yo.

S'il vous plaît, ouvrez le coffre pour moi.

41 트렁크에 짐 좀 넣을게요.
tŭ-rŏn-kŭ e jim jom nŏ-ŭl-gge-yo.

Je vais mettre des bagages dans le coffre.

42 요금이 정해져 있나요?
yo-gŭm i jŏng-hae-jyŏ it-na-yo?

Le tarif est-il fixe ? = Est-ce un prix tout compris ?

43 미터기로 갑니다.
mi-tŏ-gi ro gap-ni-da.

C'est calculé à partir du compteur.

44 열시 까지 도착할 수 있을까요?
yŏl-shi gga-ji do-chak-hal su i-ssŭl-gga-yo?

On peut y être à 10 heures ?

45 고속도로를 타주세요.
go-sok-do-ro rŭl ta-ju-se-yo.

S'il vous plaît, prenez l'autoroute.

46 추가 요금이 있습니다.
chu-ga yo-gŭm i it-ssŭp-ni-da.

Il y aura des frais supplémentaires.

47 창문 좀 열어주세요.
chang-mun jom yŏl-ŏ-ju-se-yo.

Veuillez ouvrir la fenêtre.

48 창문 좀 닫아주세요.
chang-mun jom dad-a-ju-se-yo.

Veuillez fermer la fenêtre.

49 잔돈은 괜찮습니다.
jan-don-ŭn goen-chan-sŭp-ni-da.

Gardez la monnaie, s'il vous plaît.

50 여기 왼쪽/오른쪽.
yŏ-gi oen-jjog/o-rŭn-jjog-i-yo.

A gauche/droite ici.

51 내릴게요.
nae-ril-gge-yo.

Je descends.

52 택시 좀 불러주세요.
tek-shi jom bul-lŏ-ju-se-yo.

Veuillez m'appeler un taxi.

53 이 주소로 가주세요.
i ju-so ro ga-ju-se-yo.

Veuillez conduire à cette adresse.

54 트렁크에 가방 좀 넣어주세요.
tŭ-rŏn-kŭ e ga-bang jom nŏ-ŏ-ju-se-yo.

Mettez le sac dans le coffre, s'il vous plaît.

55 이태원까지는 얼마 나올까요?
i-tae-wŏn gga-ji nŭn ŏl-ma na-ol-gga-yo?

Combien cela coûterait-il pour se rendre à Itaewon ?

56 좀 바쁩니다.
jom ba-bbŭp-ni-da.

Je suis pressé.

57 택시는 어디에서 타나요?
tek-shi-nŭn ŏ-di-e-sŏ ta-na-yo?

Où puis-je trouver un taxi ?

58 택시 번호를 가지고 계세요?
tek-shi bŏn-ho rŭl ga-ji-go gye-se-yo?

Avez-vous le numéro du taxi ?

59 다 왔나요?
da wat-na-yo?

Sommes-nous arrivés ?

60 이태원으로 데리러 올 수 있나요?
i-tae-wŏn ŭ-ro de-ri-rŏ ol su it-na-yo?

Pouvez-vous venir me chercher à Itaewon ?

61 가는 중입니다.
ga-nŭn jung-ip-ni-da.

Je suis en route.

62 여기서 기다려 주실 수 있나요?
yŏ-gi-sŏ gi-da-ryŏ ju-shil su it-na-yo?

Pouvez-vous m'attendre ici, s'il vous plaît ?

63 미터기가 작동하고 있나요?
mi-tŏ-gi ga jak-dong ha-go it-na-yo?

Est-ce que le compteur fonctionne ?

64 미터기를 켜 주세요.
mi-tŏ-gi rŭl kyŏ ju-se-yo.

Veuillez allumer le compteur.

65 천천히 말해주세요.
chŏn-chŏn hi mal-hae-ju-se-yo.

S'il vous plaît, parlez lentement.

66 백화점에서 내려주세요.
bae-kwa-jŏ-m-e-sŏ nae-ryŏ-ju-se-yo.

Emmenez-moi au grand magasin, s'il vous plaît.

67 천천히 가주세요.
chŏn-chŏn-hi ga-ju-se-yo.

Conduisez lentement, s'il vous plaît.

68 에어컨을 켜주세요/꺼주세요.
e-ŏ-kŏn ŭl kyŏ-ju-se-yo/ggŏ-ju-se-yo.

Veuillez allumer/éteindre l'air conditionné.

69 방향을 저쪽으로 바꿔주세요.
bang-hyang ŭl jŏ-jjog ŭ-ro ba-ggwŏ-ju-se-yo.

Veuillez modifier la direction de ce chemin.

70 편의점에 들렀다가 갈게요.
pyŏn-ŭi-jŏm e dŭl-lŏt-da-ga gal-gge-yo.

Je dois m'arrêter au supermarché.

CHAPITRE 10. SUBWAY / METRO

| 01 | 지하철역이 어디죠? | Où est la station de métro ? |
| | ji-ha-chŏl yŏg i ŏ-di-jyo? | |

| 02 | 지하철 노선도가 있나요? | Vous avez un plan du métro ? |
| | ji-ha-chŏl no-sŏn-do ga it-na-yo? | |

| 03 | 지하철 노선을 잘 몰라요. | Je ne suis pas très familier avec le système du métro. |
| | ji-ha-chŏl no-sŏn ŭl jal mol-la-yo. | |

| 04 | 인천까지 가려면 몇호선을 타야 하나요? | Quel est le numéro à composer pour Incheon ? |
| | in-chŏn gga-ji ga-ryŏ-myŏn myŏt ho-sŏn ŭl ta-ya ha-na-yo? | |

| 05 | 1호선을 타세요. | Prenez la ligne 1. |
| | il ho-sŏn ŭl ta-se-yo. | |

| 06 | 어느 역에서 내려야 하나요? | À quelle station dois-je descendre ? |
| | ŏ-nŭ yŏg e-sŏ nae-ri-myŏn doe-na-yo? | |

| 07 | 제가 맞게 탔나요? | Suis-je dans le bon train ? |
| | je ga mat-ge tat-na-yo? | |

| 08 | 개찰구는 어디인가요? | Où est la porte d'entrée/le centre de billetterie ? |
| | gae-chal-gu nŭn ŏ-di-in-ga-yo? | |

| 09 | 어떻게 계산하나요? | Comment puis-je payer ? |
| | ŏ-ttŏ-ke gye-san ha-na-yo? | |

10 지하철표는 어디서 사나요?
ji-ha-chŏl-pyo nŭn ŏ-di-sŏ sa-na-yo?

Où puis-je acheter le ticket de métro ?

11 잘못 탄 것 같아요.
jal-mot tan gŏt gat-a-yo.

Je crois que je me suis trompé de train.

12 반대 방향으로 가는 것 같아요.
ban-dae bang-hyang ŭ-ro ga-nŭn gŏt gat-a-yo.

Je pense que ça va dans la direction opposée.

13 어느 쪽으로 내리나요?
ŏ-nŭ jjog ŭ-ro nae-ri-na-yo?

Dans quelle direction dois-je descendre ?

14 출구가 어디죠?
chul-gu ga ŏ-di-jyo?

Où est la sortie ?

15 몇 번 출구로 나가야 하나요?
myŏt bŏn chul-gu-ro na-ga-ya ha-na-yo?

Quel arrêt dois-je descendre ?

16 몇 정거장 가야 하나요?
myŏt jŏng-gŏ-jang ga-ya ha-na-yo?

Combien de stations (= arrêts) dois-je parcourir ?

17 이 방향이 맞나요?
i bang-hyang i mat-na-yo?

Cette direction est-elle correcte ? = Est-ce la bonne direction ?

18 어디서 내리세요?
ŏ-di-sŏ nae-ri-se-yo?

Où est-ce que je descends ?

19 어디서 내려야 하나요?
ŏ-di-sŏ nae-ryŏ-ya ha-na-yo?

Où dois-je descendre ?

20 여기서 내리면 되나요?
yŏ-gi-sŏ nae-ri-myŏn doe-na-yo?

Je peux descendre ici ? = C'est mon arrêt ?

21 이번/다음 역에서 내리세요.
i-bŏn/da-ŭm yŏg e-sŏ nae-ri-se-yo.

Descendez à cet / au prochain arrêt.

22 환승해야합니다.
hwan-sŭng hae-ya-hap-ni-da.

Vous devez transférer.

23 환승 하려면 어디로 가나요?
hwan-sŭng ha-ryŏ-myŏn ŏ-di-ro ga-na-yo?

Où dois-je aller pour transférer?

24 5호선으로 환승 해야 합니다.
o ho-sŏn ŭ-ro   hwan-sŭng hae-ya hap-ni-da.

Vous devez transférer à la ligne 5.

25 지하철 카드는 어디에서 사나요?
ji-ha-chŏl ka-dŭ nŭn   ŏ-di-e-sŏ   sa-na-yo?

Où puis-je acheter la carte de métro ?

26 여기서 타면 되나요?
yŏ-gi-sŏ   ta-myŏn doe-na-yo?

Dois-je voyager ici (en train) ?

27 줄 서세요.
jul   sŏ-se-yo.

Veuillez faire la queue.

28 새치기 하지 마세요.
sae-chi-gi   ha-ji ma-se-yo.

Ne coupez pas la ligne, s'il vous plaît.

29 발을 밟아서 죄송합니다.
bal ŭl   bal-ba-sŏ joe-song-hap-ni-da.

Je suis désolé d'avoir marché sur votre pied.

30 발을 밟지 마세요.
bal-ŭl bal-jji ma-se-yo.

S'il vous plaît, ne marchez pas sur (mon) pied.

31 자리 좀 만들어 주세요.
ja-ri   jom man-dŭl-ŏ ju-se-yo.

Faites-nous de la place, s'il vous plaît.

32 다리를 너무 벌리지 마세요.
da-ri rŭl nŏ-mu bŏl-li-ji   ma-se-yo.

N'écartez pas trop les jambes.

33 여성 전용 칸 입니다.
yŏ-sŏng jŏn-yong kan ip-ni-da.

C'est un compartiment "réservé aux femmes".

34 노약자석입니다.
no-yak-ja sŏg ip-ni-da.

C'est un endroit pour les personnes âgées et handicapées.

35 여기 앉으세요.
yŏ-gi   an-zŭ-se-yo.

S'il vous plaît, asseyez-vous ici.

36 저는 서서 가도 됩니다.
jŏ nŭn sŏ-sŏ   ga-do doep-ni-da.

Ça ne me dérange pas de rester debout.

37 양보해 주셔서 감사합니다.
yang-bo hae ju-shŏ-sŏ gam-sa-hap-ni-da.

Merci d'avoir offert / abandonné.

38 물론이죠.
mul-lo-ni-jyo.

Bien sûr.

39 다리가 많이 아파요.
da-ri ga man-i a-pa-yo.

Mes jambes me font très mal.

40 손잡이를 잡으세요.
son-jab-i rŭl jab-ŭ-se-yo.

Attrape la poignée.

41 카드 좀 충전 해주세요.
ka-dŭ jom chung-jŏn hae-ju-se-yo.

Veuillez charger ma carte.

42 카드 충전 되나요?
ka-dŭ chung-jŏn doe-na-yo?

Puis-je charger ma carte ?

43 어디서 갈아타야 하나요?
ŏ-di-sŏ gal-a-ta-ya ha-na-yo?

Où puis-je transférer de l'argent ?

44 시청에서 갈아타세요.
shi-chŏng e-sŏ gal-a-ta-se-yo.

Faites un transfert à l'hôtel de ville.

45 매표소가 어디죠?
mae-pyo-so ga ŏ-di-jyo?

Où est la caissière ?

46 공항까지 가는데 얼마죠?
gong-hang gga-ji ga-nŭn-de ŏl-ma-jyo?

Combien cela coûte-t-il pour se rendre à l'aéroport ?

47 몇시가 막차인가요?
myŏ-sshi ga mak-cha in-ga-yo?

Quand est le dernier train ?

48 반대 방향으로 건널 수 있나요?
ban-dae bang-hyang ŭ-ro gŏn-nŏl su it-na-yo?

Est-ce que je peux être transféré du côté opposé ?

49 얼마나 충전 해 드릴까요?
ŏl-ma-na chung-jŏn hae dŭ-ril-gga-yo?

Combien voulez-vous recharger ?

50 만원 어치 충전 해주세요.
ma-nwŏn ŏ-chi chung-jŏn hae-ju-se-yo.

Chargez 10,000 won.

51 이번/다음 역은 여의도역 입니다.
i-bŏn / da-ŭm yŏg ŭn   yŏ-ŭi-do yŏg ip-ni-da.

Cet/ Prochain arrêt est la gare de Yeouido.

52 열차가 들어오고 있습니다.
yŏl-cha ga dŭl-ŏ-o-go it-ssŭp-ni-da.

Le train approche.

53 여기서 가장 가까운 역은 어디죠?
yŏ-gi-sŏ ga-jang ga-gga-un yŏg ŭn   ŏ-di-jyo?

Où est la station la plus proche d'ici ?

54 이 근처에 지하철역이 있나요?
i gŭn-chŏ e ji-ha-chŏl yŏg i   it-na-yo?

Y a-t-il une station de métro à proximité ?

55 학생/노인 요금은 얼마죠?
hak-saeng/no-in yo-gŭm ŭn ŏl-ma-jyo?

Combien coûte un étudiant ou un aîné ?

56 갈아 타야 하나요?
gal-a ta-ya   ha-na-yo?

Dois-je faire un transfert ?

57 일회용/하루용/일주일용 카드가 있나요?
il-hoe-yong/ha-ru-yong/il-ju-il-lyong ka-dŭ ga   it-na-yo?

Avez-vous une carte unique / quotidienne / hebdomadaire ?

58 다음 열차는 몇시에 도착하나요?
da-ŭm yŏl-cha nŭn myŏ-sshi e do-chak-ha-na-yo?

Quand arrive le prochain train ?

59 급행 열차입니다.
gŭp-haeng yŏl-cha ip-ni-da.

C'est un train express.

60 이 열차는 역마다 정차하나요?
i yŏl-cha nŭn yŏg-ma-da jŏng-cha-ha-na-yo?

Ce train s'arrête-t-il à toutes les gares ?

61 김포까지 멈추지 않고 갑니다.
gim-po gga-ji mŏm-chu-ji an-ko gap-ni-da.

Il va à Gimpo sans s'arrêter.

62 열차가 왜 이렇게 늦죠?
yŏl-cha ga oe i-rŏt-ke nŭt-jyo?

Pourquoi le train est-il si en retard ?

63 열차가 곧 출발합니다.
yŏl-cha ga got chul-bal hap-ni-da.

Le train va bientôt partir.

64 이번 역에서 10분간 정차합니다.
i-bŏn yŏg e-sŏ ship-bun-gan jŏng-cha-hap-ni-da.

Nous allons nous arrêter à cette station
pendant 10 minutes.

65 분실물 센터는 어디인가요?
bun-shil-mul sen-tŏ nŭn ŏ-di-in-ga-yo?

Où est le bureau des objets trouvés ?

66 역무원을 불러주세요.
yŏg-mu-wŏn ŭl bul-lŏ-ju-se-yo.

Veuillez m'appeler un agent de la station.

67 역무원은 어디 있나요?
yŏg-mu-wŏn ŭn ŏ-di it-na-yo?

Où est le personnel de la station ?

CHAPITRE 11. L'HÔTEL

01 로비는 어디죠?
lo-bi nŭn ŏ-di-jyo?

Où est le hall ?

02 프론트 데스크는 어디인가요?
pŭ-ron-tŭ de-sŭ-kŭ nŭn ŏ-di-n-ga-yo?

Où est la réception ?

03 체크인은 어디에서 하나요?
he-kŭ-in ŭn ŏ-di e-sŏ ha-na-yo?

Où dois-je m'enregistrer ?

04 짐을 들어드릴까요?
jim-ŭl dŭl-ŏ-dŭ-ril-gga-yo?

Avez-vous besoin d'aide avec vos bagages ?

05 트렁크에서 짐을 내려주세요.
tŭ-rŏn-kŭ e-sŏ jim ŭl nae-ryŏ-ju-se-yo.

Veuillez décharger les sacs du coffre.

06 주차는 어디에 하나요?
ju-cha nŭn ŏ-di e ha-na-yo?

Où est-ce que je me gare ?

07 발렛 파킹을 하고 싶은데요.
bal-let-pa-king ŭl ha-go ship-ŭn-de-yo.

J'aimerais utiliser le service voiturier.

08 투숙객 입니다.
tu-suk-gaek ip-ni-da.

Je suis un invité permanent.

09 체크인을 하려고 합니다.
che-kŭ-in-ŭl ha-ryŏ-go hap-ni-da.

J'aimerais prendre des nouvelles.

10 예약을 했어요.
ye-yag ŭl hae-ssŏ-yo.

J'ai une réservation.

11 예약 번호를 알려주시겠어요?
ye-yak bŏn-ho rŭl al-lyŏ-ju-shi-get-ssŏ-yo?

Pouvez-vous me donner le numéro de la réservation ?

12 예약 번호는 12345입니다.
ye-yak bŏn-ho nŭn il-i-sam-sa-o ip-ni-da.

Le numéro de réservation est 12345.

13 예약 번호가 생각이 안나네요.
ye-yak bŏn-ho ga saeng-gag i an-na-ne-yo.

Je ne me souviens pas du numéro de la réservation.

14 대신, 이름을 알려드려도될까요?
dae-shin, i-rŭm ŭl al-lyŏ-dŭ-ryŏ-do doel-gga-yo?

Puis-je vous dire le nom plutôt ?

15 여권을 보여주세요.
yŏ-ggwon ŭl bo-yŏ-ju-se-yo.

S'il vous plaît, montrez-moi votre passeport.

16 신용카드가 필요합니다.
shin-yong-ka-dŭ ga pil-yo-hap-ni-da.

J'ai besoin de votre carte de crédit.

17 예치금을 내야 합니다.
ye-chi-gŭm ŭl nae-ya hap-ni-da.

Vous devrez faire un dépôt.

18 현금으로 계산할게요.
hyŏn-gŭm ŭ-ro gye-san hal-gge-yo.

Je vais payer en liquide.

19 체크아웃 할 때 신용카드로 낼게요.
che-kŭ-a-ut hal ttae shin-yong-ka-dŭ ro nael-gge-yo.

Je paierai avec une carte de crédit quand j'aurai réglé ma note.

20 짐이 많아요.
jim i man-a-yo.

J'ai beaucoup de bagages.

21 예약이 확인되지 않습니다.
ye-yag i hwag-in doe-ji an-sŭp-ni-da.

Je ne trouve pas la réservation.

22 예약이 없나요?
ye-yag i ŏp-na-yo?

Vous n'avez pas de réservation ?

23 다른 이름으로 찾아봐주세요.
da-rŭn i-rŭm ŭ-ro cha-ja-bwa-ju-se-yo.

Pourriez-vous le chercher sous un autre nom ?

24 어느 날짜로 예약하셨죠?
ŏ-nŭ nal-jja ro ye-yak ha-shŏt-jyo?

Pour quelle date avez-vous réservé ?

25 여행사를 통해서 예약하셨나요?
yŏ-haeng-sa rŭl tong-hae-sŏ ye-yak ha-shŏt-na-yo?

Vous avez réservé par l'intermédiaire d'une agence de voyage ?

26 예약하신 신용카드를 주세요.
ye-yak-ha-shin shin-yong-ka-dŭ rŭl ju-se-yo.

Veuillez me donner la carte de crédit que vous avez utilisée pour faire la réservation.

27 인터넷으로 예약하셨나요?
in-tŏ-ne sŭ-ro ye-yak ha-shŏt-na-yo?

Avez-vous fait la réservation par Internet ?

28 멤버쉽이 있으신가요?
mem-bŏ-shib i i-ssŭ-shin-ga-yo?

Avez-vous une adhésion ?

29 멤버쉽 카드 여기 있습니다.
mem-bŏ-ship ka-dŭ yŏ-gi it-ssŭp-ni-da.

Voici la carte de membre.

30 업그레이드 가능한가요?
ŏp-gŭ-re-i-dŭ ga-nŭng-han-ga-yo?

Une mise à niveau est-elle possible ?

31 오늘은 만실입니다.
o-nŭl ŭn man-shil ip-ni-da.

Nous sommes complets aujourd'hui.

32 업그레이드 가능합니다.
ŏp-gŭ-re-i-dŭ ga-nŭng-hap-ni-da.

Une mise à niveau est possible.

33 체크아웃은 몇시인가요?
che-kŭ-a-u sŭn myŏ-sshi in-ga-yo?

A quelle heure est le départ ?

34 조금 늦게 체크아웃 해도 되나요?
jo-gŭm nŭt-ge che-kŭ-a-ut hae-do doe-na-yo?

Puis-je partir un peu plus tard ?

35 몇시까지 체크아웃 할 수 있나요?
myŏ-sshi gga-ji che-kŭ-a-ut hal su it-na-yo?

Quand puis-je partir au plus tard ?

36 두명이 투숙합니다.
du-myŏng i tu-suk-hap-ni-da.

Deux personnes resteront.

37 한명 더 투숙합니다.
han-myŏng dŏ tu-suk-hap-ni-da.

Une personne supplémentaire restera.

38 추가 요금이 있나요?
chu-ga yo-gŭm i it-na-yo?

Y a-t-il des frais supplémentaires ?

39 추가 요금이 있습니다.
chu-ga yo-gŭm i it-ssŭp-ni-da.

Il y a des frais supplémentaires.

40 엘레베이터는 어디인가요?
el-le-be-i-tŏ nŭn ŏ-di-in-ga-yo?

Où est l'ascenseur ?

41 방까지 어떻게 가죠?
bang gga-ji ŏ-ttŏ-ke ga-jyo?

Comment puis-je entrer dans la pièce ?

42 짐을 먼저 방에 넣어 주세요.
jim ŭl mŏn-jŏ bang e nŏ-ŏ ju-se-yo.

Veuillez d'abord mettre les bagages dans la chambre.

43 팁은 받지 않습니다.
tib ŭn bat-ji an-ssŭp-ni-da.

Nous n'acceptons pas les pourboires.

44 예약을 하고 싶습니다.
ye-yag ŭl ha-go ship-sŭp-ni-da.

Je voudrais faire une réservation.

45 싱글/더블 베드로 주세요.
sing-gŭl/dŏ-bŭl be-dŭ ro hae ju-se-yo.

Veuillez me donner un lit simple/double.

46 아이가 있습니다.
a-i ga it-ssŭp-ni-da.

J'ai un enfant.

47 몇 명이세요?
myŏt myŏng i-se-yo?

Combien de personnes y a-t-il ?

48 한명/두명/세명 입니다.
han-myŏng/du-myŏng/se-myŏng ip-ni-da.

C'est 1/2/3 personne/ personnes.

49 연결된 방이 있나요?
yŏn-gyŏl-doen bang i it-na-yo?

Avez-vous des chambres communicantes ?

50 뷰가 좋은 방을 부탁드립니다.
byu ga jo-ŭn bang ŭl bu-tak-dŭ-rip-ni-da.
S'il vous plaît, donnez-moi une chambre avec une belle vue.

51 주차장은 어디죠?
ju-cha-jang ŭn ŏ-di-jyo?
Où est le parking ?

52 얼마나 머무실 예정이세요?
ŏl-ma-na mŏ-mu-shil ye-jŏng-i-se-yo?
Combien de temps voulez-vous rester ?

53 2박 3일이요.
i-bak sam-il i-yo.
3 jours et 2 nuits.

54 예치금이 얼마죠?
ye-chi-gŭm i ŏl-ma-jyo?
Quel est le montant de l'acompte ?

55 어떻게 결제하시겠어요?
ŏ-ttŏ-ke gyŏl-je ha-shi-get-ssŏ-yo?
Comment voulez-vous faire un paiement ?

56 체크인은 몇시죠?
che-kŭ-in ŭn myŏ-sshi-jyo?
Quand est l'enregistrement ?

57 방이 아직 준비되지 않았습니다.
bang i a-jik jun-bi doe-ji an-a-ssŭp-ni-da.
La chambre n'est pas encore prête.

58 방이 준비되면 연락주세요.
bang i jun-bi doe-myŏn yŏl-lak-ju-se-yo.
Appelez-moi quand la chambre est prête.

59 방이 준비되었습니다.
bang i jun-bi doe-ŏ-ssŭp-ni-da.
La chambre est prête.

60 여기 룸키입니다.
yŏ-gi rum-ki ip-ni-da.
Voici la clé de la chambre.

61 룸키 하나 더 주세요.
rum-ki ha-na dŏ ju-se-yo.
Donnez-moi une autre clé de chambre.

62 방 번호는 100 입니다.
bang bŏn-ho nŭn baek ip-ni-da.
Le numéro de la chambre est 100.

63 제 방은 몇 층인가요?
je bang ŭn myŏt chŭng in-ga-yo?
A quel étage se trouve ma chambre ?

64 방까지 안내 해주세요.
bang gga-ji an-nae hae-ju-se-yo.

Veuillez me montrer la chambre.

65 짐을 여기에 맡겨도 되나요?
jim-ŭl yŏ-gi e mat-gyŏ-do doe-na-yo?

Puis-je laisser les bagages ici ?

66 성이 어떻게 되시죠?
sŏng i ŏ-ttŏ-ke doe-shi-jyo?

Quel est le nom de famille ?

67 성함 스펠링을 알려주세요.
sŏng-ham sŭ-pel-ling ŭl al-lyŏ-ju-se-yo.

Pouvez-vous me dire l'orthographe de ce nom ?

68 체크아웃 하겠습니다.
che-kŭ-a-ut ha-get-ssŭp-ni-da.

Je m'en vais.

69 불편한 건 없으셨나요?
bul-pyŏn-han gŏn ŏp-ssŭ-shŏt-na-yo?

Tout s'est bien passé pendant votre séjour ?

70 편안한 숙박 되셨나요?
pyŏn-an-han suk-bak doe-shŏt-na-yo?

Tout s'est bien déroulé pendant votre séjour ?

71 방에 지갑을/여권을 놓고 왔어요.
bang e ji-gab ŭl/yŏ-ggwŏn ŭl no-ko wa-ssŏ-yo.

J'ai laissé mon portefeuille/passeport dans ma chambre.

72 룸서비스 입니다.
rum-sŏ-bi-sŭ ip-ni-da.

C'est le room service.

73 식사를 주문하고 싶은데요.
shik-sa rŭl ju-mun ha-go ship-ŭn-de-yo.

J'aimerais commander à dîner.

74 몇시까지 주문 가능한가요?
myŏ-sshi gga-ji ju-mun ga-nŭng-han-ga-yo?

Quelle est la dernière date à laquelle je peux commander ?

75 룸 차지로 해주세요.
rum cha-ji ro hae-ju-se-yo.

Veuillez le facturer à ma chambre.

76 서명 부탁드립니다.
sŏ-myŏng bu-tak-dŭ-rip-ni-da.

Puis-je avoir votre signature, s'il vous plaît ?

77 얼음을 더 갖다주세요.
ŏl-ŭm ŭl dŏ gat-da-ju-se-yo.

Veuillez m'apporter plus de glace.

78 얼음은 어디에 있나요?
ŏl-ŭm ŭn ŏ-di e it-na-yo?

Où est la glace ?

79 부엌이 있나요?
bu-ŏk i it-na-yo?

Y-a-t-il une cuisine ?

80 취사해도 되나요?
chwi-sa hae-do doe-na-yo?

Puis-je cuisiner ?

81 지배인을 불러주세요.
ji-bae-in ŭl bul-lŏ-ju-se-yo.

Amenez-moi le gérant, s'il vous plaît.

82 시트를 교체해 주세요.
shi-tŭ rŭl gyo-che hae ju-se-yo.

Veuillez changer les draps.

83 방 청소를 해 주세요.
bang chŏng-so rŭl hae-ju-se-yo.

Veuillez nettoyer la chambre.

84 청소가 안 되어 있어요.
chŏng-so ga an doe-ŏ i-ssŏ-yo.

Il n'a pas été nettoyé.

85 예약을 안 했는데, 방 있나요?
ye-yag ŭl an haet-nŭn-de, bang it-na-yo?

Je n'ai pas fait de réservation, mais avez-vous une chambre ?

86 더 저렴한 방은 없나요?
dŏ jŏ-ryŏm-han bang ŭn ŏp-na-yo?

Vous n'avez pas une chambre moins chère ?

87 방을 볼 수 있나요?
bang ŭl bol su it-na-yo?

Je peux voir la chambre ?

88 조식이 포함되어 있나요?
jo-shig i po-ham doe-ŏ it-na-yo?

Le petit déjeuner est-il inclus ?

89 에어컨이 고장 났습니다.
e-ŏ-kŏn i go-jang na-ssŭp-ni-da.

L'air conditionné ne fonctionne pas.

90 베개가 없습니다.
be-gae ga ŏp-ssŭp-ni-da.

Il n'y a pas d'oreiller.

91 더운 물이 안 나와요.
dŏ-un mul i an na-wa-yo.

Il n'y a pas d'eau chaude.

92 7시에 깨워주세요.
il-gop shi e ggae-wŏ-ju-se-yo.

S'il vous plaît, réveillez-moi à 7 heures.

93 짐을 잠시 보관 해주세요.
jim ŭl jam-shi bo-gwan hae-ju-se-yo.

Veuillez garder les bagages pour un moment.

94 룸키를 잃어버렸어요.
rum-ki rŭl il-ŏ-bŏ-ryŏ-ssŏ-yo.

J'ai perdu la clé de la chambre.

95 시내 지도 있나요?
shi-nae ji-do it-na-yo?

Vous avez un plan de la ville ?

96 하루 더 있겠습니다.
ha-ru dŏ it-get-ssŭp-ni-da.

Je veux rester ici un jour de plus.

97 하루 더 묵을 수 있나요?
ha-ru dŏ mug-ŭl su it-na-yo?

Puis-je rester un jour de plus ?

98 택시를 불러 주세요.
tek-shi rŭl bul-lŏ ju-se-yo.

Veuillez m'appeler un taxi.

CHAPITRE 12. DIRECTIONS

01 길을 잃었어요.
gil ŭl il-ŏ-ssŏ-yo.

J'ai perdu mon chemin. = Je suis perdu.

02 길을 잃은 것 같아요.
gil ŭl il-ŭn gŏt gat-a-yo.

Je crois que je me suis perdu. = Je crois que je me suis égarer.

03 여기가 어디죠?
yŏ-gi ga ŏ-di-jyo?

Où suis-je ?

04 제가 지금 어디에 있죠?
je ga ji-gŭm ŏ-di e it-jyo?

Où suis-je maintenant ?

05 실례합니다. 길 좀 여쭤볼게요.
shil-lye-hap-ni-da. gil jom yŏ-jjwŏ-bol-gge-yo.

Excusez-moi, puis-je vous demander le chemin.

06 길 좀 알려주시겠어요?
gil jom al-lyŏ-ju-shi-get-ssŏ-yo?

Pourriez-vous me dire le chemin ?

07 홍대까지 어떻게 가나요?
hong-dae gga-ji ŏ-ttŏ-ke ga-na-yo?

Comment puis-je aller à Hongdae ?

08 거리 이름이 뭐죠?
gŏ-ri i-rŭm i mwŏ-jyo?

Quel est le nom de la route ?

09 이/저 빌딩 이름이 뭐죠?
i / jŏ bil-ding i-rŭm i mwŏ-jyo?

Quel est le nom de cet immeuble ?

10 걸어서 갈 수 있나요?
gŏl-ŏ-sŏ gal   su it-na-yo?

Puis-je marcher ?
= Est-ce que c'est à distance de marche ?

11 걸어서 얼마나 걸릴까요?
gŏl-ŏ-sŏ ŏl-ma-na gŏl-lil-gga-yo?

Combien de temps faut-il pour marcher ?

12 20분/한시간 정도 걸립니다.
i-ship bun/han shi-gan jŏng-do gŏl-lip-ni-da.

Cela prend environ 20 minutes / 1 heure.

13 걸어서 가기에는 너무 멀어요.
gŏl-ŏ-sŏ ga-gi-e nŭn   nŏ-mu mŏl-ŏ-yo.

C'est trop loin pour y aller à pied.

14 가까운 거리예요.
ga-gga-un gŏ-ri ye-yo.

C'est une distance courte/ rapprochée.

15 아주 가까워요/멀어요.
a-ju ga-gga-wŏ-yo / mŏl-ŏ-yo.

C'est très proche/lointain.

16 직진하세요.
jik-jin ha-se-yo.

Allez tout droit.

17 이쪽으로 쭉 가세요.
i jjok ŭ-ro   jjuk ga-se-yo.

Continuez à suivre le chemin.

18 이 방향으로 계속 가세요.
i bang-hyang ŭ-ro gye-sok ga-se-yo.

Continuez dans cette direction.

19 이쪽으로/저쪽으로 가야 하나요?
i jjog ŭ-ro /   jŏ jjog ŭ-ro   ga-ya ha-na-yo?

Dois-je aller par là ?

20 세블럭 후 왼쪽/오른쪽입니다.
se-bŭl-lŏk hu oen-jjog/o-rŭn-jjog ip-ni-da.

Après trois blocs, c'est à gauche et à droite.

21 지하철 말고 다른 방법은 없나요?
ji-ha-chŏl mal-go da-rŭn bang-bŏb ŭn ŏp-na-yo?

Il n'y a pas d'autre sortie que le métro ?

22 근처에 화장실이 있나요?
gŭn-chŏ-e hwa-jang-shil i it-na-yo?

Y a-t-il des toilettes à proximité ?

23 홍대가는 법 좀 알려주세요.
hong-dae ga-nŭn bŏp jom al-lyŏ-ju-se-yo.
S'il vous plaît, dites-moi comment aller à Hongdae.

24 홍대까지 가는 길을 알고 싶어요.
hong-dae gga-ji ga-nŭn gil ŭl al-go ship-ŏ-yo.
Veuillez me dire comment s'y rendre à Hongdae.

25 왼쪽으로/오른쪽으로 가세요.
oen-jjog ŭ-ro/o-rŭn-jjog ŭ-ro ga-se-yo.
Allez à gauche/droite.

26 이쪽입니다/저쪽입니다.
i jjog ip-ni-da / jŏ jjog ip-ni-da.
C'est par ici/ par là.

27 바로 근처예요.
ba-ro gŭn-chŏ-ye-yo.
C'est tout près d'ici.

28 여기/저기 있네요.
yŏ-gi / jŏ-gi it-ne-yo.
Voilà/ C'est là.

29 길을 따라 내려가세요.
gil ŭl tta-ra nae-ryŏ-ga-se-yo.
Descendez cette route.

30 우체국 지나서 있어요.
u-che-gug ji-na-sŏ i-ssŏ-yo.
C'est après la poste.

31 도와주셔서 감사합니다.
do-wa-ju-shŏ-sŏ gam-sa-hap-ni-da.
Merci de m'aider. = Merci pour votre aide.

32 첫째/둘째 골목으로 들어가세요.
chŏt-jjae/dul-jjae gol-mog ŭ-ro dŭl-ŏ-ga-se-yo.
Allez dans la première/ deuxième allée.

33 우체국 맞은편에 있어요.
u-che-guk ma-zŭn-pyŏn e i-ssŏ-yo.
C'est en face de la poste.

34 우체국 바로 뒤에 있어요.
u-che-guk ba-ro dwi-e i-ssŏ-yo.
C'est juste derrière le bureau de poste.

35 우체국 바로 옆에 있어요.
u-che-guk ba-ro yŏp-e i-ssŏ-yo.
C'est juste à côté du bureau de poste.

36 세모 빌딩 3층입니다.
se-mo bil-ding sam chŭng ip-ni-da.
C'est le 3ème étage de l'immeuble Semo.

37	저도 모르겠어요. jŏ do mo-rŭ-get-ssŏ-yo.	Je ne sais pas non plus.
38	저 분/이 분에게 물어보세요. jŏ bun / i bun e-ge mul-ŏ-bo-se-yo.	Demandez à ce monsieur, à cette dame.
39	정확하지는 않아요. jŏng-hwak-ha-ji-nŭn an-a-yo.	Ce n'est pas exact.
40	저도 그 방향으로 갑니다. jŏ do gŭ bang-hyang ŭ-ro gap-ni-da.	Je vais moi-même par là.
41	혹시 이 주소를 아시나요? hok-shi i ju-so rŭl a-shi-na-yo?	Connaissez-vous cette adresse par hasard ?
42	혹시 이 건물이 어디있는지 아시나요? hok-shi i gŏn-mul i ŏ-di-in-nŭn-ji a-shi-na-yo?	Savez-vous par hasard où se trouve ce bâtiment ?
43	제가 맞게 찾아왔나요? je ga mat-ge cha-ja-wat-na-yo?	Suis-je venu au bon endroit ?
44	초행이라 잘 모르겠어요. cho-haeng i-ra jal mo-rŭ-get-ssŏ-yo.	Je n'en suis pas sûr.
45	제가 안내해 드릴게요. je ga an-nae hae dŭ-ril-gge-yo.	C'est ma première fois ici.
46	바로 찾으실 거예요. ba-ro cha-zŭ-shil gŏ-ye-yo.	Je vais vous guider.
47	A와 B사이에 있습니다. A-wa B-sa-i-e it-ssŭp-ni-da.	Vous le trouverez immédiatement. = Vous ne pouvez pas le manquer.
48	저를 따라오세요. jŏ rŭl tta-ra-o-se-yo.	C'est entre A et B.
49	한번 더 설명 해주세요. han-bŏn dŏ sŏl-myŏng hae-ju-se-yo.	Suivez-moi, s'il vous plaît.
50	병원을 찾고 있습니다. byŏng-wŏn ŭl chat-go it-ssŭp-ni-da.	S'il vous plaît, expliquez-moi encore une fois.

Je cherche un hôpital.

51 약도를 그려 주시겠어요?
yak-do rŭl gŭ-ryŏ ju-shi-get-ssŏ-yo?

Pourriez-vous s'il vous plaît dessiner une carte approximative ?

52 이 지도에서 현재 위치가 어디인가요?
i ji-do-e-sŏ hyŏn-jae wi-chi ga ŏ-di-in-ga-yo?

Où se trouve l'emplacement actuel sur cette carte ?

53 블록을 끼고 우회전/좌회전 하세요.
bŭl-log ŭl ggi-go u-hoe-jŏn / jwa-hoe-jŏn ha-se-yo.

Tournez à droite / à gauche sur le bloc.

54 약도를 그려드릴게요.
yak-do rŭl gŭ-ryŏ dŭ-ril-gge-yo.

Je vais vous dessiner une carte approximative.

55 방금 지나친 것 같아요.
bang-gŭm ji-na-chin gŏt gat-a-yo.

Je pense qu'on vient de le faire.

56 조금 더 가야해요.
jo-gŭm dŏ ga-ya-hae-yo.

Nous devons aller un peu plus loin.

57 여기 지리를 잘 아시나요?
yŏ-gi ji-ri rŭl jal a-shi-na-yo?

Connaissez-vous bien la géographie ici ?
= Connaissez-vous cette région ?

58 지름길이 있나요?
ji-rŭm-gil i it-na-yo?

Y a-t-il un raccourci ?

59 어느 쪽 인가요?
ŏ-nŭ jjok in-ga-yo?

C'est par où ?

CHAPITRE 13. SANTÉ & À L'HÔPITAL & PHARMACIE

01 건강은 어떠세요?
gŏn-gang ŭn jom ŏ-ttŏ-se-yo?

Comment est votre santé ?
= Comment vous sentez-vous ?

02 몸은 나아졌어요?
mom ŭn na-a-jyŏ-ssŏ-yo?

Votre corps va mieux ?
= Vous sentez-vous mieux ?

03 건강이 별로 안 좋아요.
gŏn-gang i byŏl-lo an jo-a-yo.

(Ma) santé n'est pas très bonne.
= Je ne me sens pas bien.

04 몸이 안 좋아요.
mom i an-jo-a-yo.

(Mon) corps ne vas pas bien.
= Je ne suis pas en bon état.

05 컨디션이 좋아요.
kŏn-di-shŏn i jo-a-yo.

(Je) suis en bon état. = Je vais bien.

06 별로 아프지 않아요.
byŏl-lo a-pŭ-ji an-a-yo.

Ça ne fait pas si mal. = Je ne suis pas si malade.

07 잘 아프지 않아요.
jal a-pŭ-ji an-a-yo.

Je ne tombe pas facilement malade.
= Je tombe rarement malade

08 아파서 누워 있어요.
a-pa-sŏ nu-wŏ-i-ssŏ-yo.

Je me couche (dans le lit) parce que je suis malade

09 몸이 다 아파요.
mom i da a-pa-yo.

J'ai des douleurs dans tout le corps.

10 배가 아파요.
bae ga a-pa-yo.

J'ai des maux d'estomac. = J'ai mal au ventre.

11 열이 있어요.
yŏl i i-ssŏ-yo.

J'ai de la fièvre. = Je souffre d'une fièvre.

12 생리통이 있어요.
saeng-ni-tong i i-ssŏ-yo.

J'ai des crampes menstruelles.

13 독감이 유행이에요.
dok-gam i yu-haeng-i-e-yo.

Il y a la grippe.

14 감기 조심하세요.
gam-gi jo-shim-ha-se-yo.

Faites attention aux rhumes. = Attention à ne pas attraper un rhume.

15 감기 걸린 것 같아요.
gam-gi gŏl-lin gŏt gat-a-yo.

Je crois que j'ai un rhume.

16 감기든 목소리네요.
gam-gi-dŭn mok-so-ri ne-yo.

On dirait que vous avez un rhume.

17 기침을 많이 해요.
gi-chim ŭl man-i hae-yo.

Je tousse beaucoup.

18 머리가 아파요.
mŏ-ri ga a-pa-yo.

(Ma) tête me fait mal. = J'ai un mal de tête.

19 콧물이 나요.
kot-mul i na-yo.

J'ai le nez qui coule.

20 팔이/다리가 부러졌어요.
pal i / da-ri ga bu-rŏ-jyŏ-ssŏ-yo.

(Mon) bras/jambe est cassé.

21 여드름이 났어요.
yŏ-dŭ-rŭm i na-ssŏ-yo.

J'ai de l'acné.

22 부상당했어요.
bu-sang dang-hae-ssŏ-yo.

Je suis blessé.

23 온몸이 멍 들었어요.
on mom i mŏng dŭl-ŏ-ssŏ-yo.

Je suis blessé partout au corps.

24 다 나았어요.
da na-a-ssŏ-yo.

Je me sens mieux maintenant. Je ne suis plus malade.

25 하나도 안 아파요.
ha-na-do an a-pa-yo.

Je ne suis pas du tout malade ou blessé.

26 갈비뼈가 부러졌어요.
gal-bi-bbyŏ ga bu-rŏ-jyŏ-ssŏ-yo.

Je me suis cassé une côte.

27 넘어졌어요.
nŏm-ŏ-jyŏ-ssŏ-yo.

Je suis tombé.

28 미끄러졌어요.
mi-ggŭ-rŏ-jyŏ-ssŏ-yo.

J'ai glissé (et je suis tombé).

29 완전히 지쳤어요.
wan-jŏn-hi ji-chyŏ-ssŏ-yo.

Je suis complètement épuisé.

30 건강해 보여요!
gŏn-gang-hae bo-yŏ-yo!

Tu as l'air en bonne santé !

31 안색이 안 좋아보여요.
an-saeg i an jo-a-bo-yŏ-yo.

(Ton) teint n'est pas beau à voir.

32 발진이 났어요.
bal-jin i na-ssŏ-yo.

J'ai une éruption cutanée.

33 목이 뻐근해요.
mog i bbŏ-gŭn-hae-yo.

(Mon) cou est raide.

34 계속 재채기가 나요.
gye-sok jae-chae-gi ga na-yo.

Je ne peux pas m'empêcher d'éternuer.

35 입술이 텄어요.
ip-sul i tŏ-ssŏ-yo.

(Mes) lèvres sont gercées.

36 좋아지고 있어요.
jo-a-ji-go   i-ssŏ-yo.

(Je vais) mieux.

37 좀 쉬세요.
jom shwi-se-yo.

Reposez-vous.

38 과로하지 마세요!
gwa-ro ha-ji ma-se-yo!

Ne travaillez pas trop dur. = N'en faites pas trop.

39 병원에 가보세요.
byŏng-wŏn e ga-bo-se-yo.

Tu devrais aller à l'hôpital.

40 그 정도는 아니에요.
gŭ jŏng-do nŭn a-ni-e-yo.

Ce n'est pas si mal.

41 몸조리 잘 하세요.
mom-jo-ri jal ha-se-yo.

Prends bien soin de toi.

42 쾌유를 빕니다.
kwae-yu rŭl bip-ni-da.

J'espère que tu te remettras complètement.

43 너무 피곤해요.
nŏ-mu pi-gon-hae-yo.

Je suis trop fatigué.

À L'HÔPITAL

01 근처에 병원이 있나요?
gŭn-chŏ-e byŏng-wŏn i it-na-yo?

Y a-t-il un hôpital à proximité ?

02 병원에 좀 데려다 주세요.
byŏng-wŏn e jom de-ryŏ-da ju-se-yo.

Emmenez-moi à l'hôpital, s'il vous plaît.

03 제가 병원에 데려다 드릴게요.
je ga byŏng-wŏn e de-ryŏ-da dŭ-ril-gge-yo.

Je t'emmènerai à l'hôpital.

04 구급차를 불러주세요.
gu-gŭp-cha rŭl bul-lŏ ju-se-yo.

Appelez une ambulance, s'il vous plaît.

05 의사를 불러주세요.
ŭi-sa rŭl bul-lŏ ju-se-yo.

Veuillez appeler un médecin.

06 응급상황입니다.
ŭng-gŭp sang-hwang ip-ni-da.

C'est une situation d'urgence.

07 안색이 좋지 않아요.
an-saeg i jot-chi an-a-yo.

(Votre) teint n'est pas bon.
= Vous n'avez pas l'air très bien.

08 몸에 기운이 하나도 없습니다.
mom e gi-un i ha-na-do ŏp-sŭp-ni-da.

Je n'ai pas d'énergie dans mon corps.
= Je me sens si faible.

09 어디가 아파서 오셨나요?
ŏ-di ga a-pa-sŏ o-shŏt-na-yo?

Qu'est-ce qui vous a fait venir ici ?
= Qu'est-ce qui vous a amener ici ?

10 환자분 성함이 어떻게 되세요?
hwan-ja-bun sŏng-ham i ŏ-ttŏ-ke doe-se-yo?

Quel est le nom du patient ?

11 의료보험이 있나요?
ŭi-ryo bo-hŏm i it-na-yo?

Avez-vous une assurance maladie ?

12 접수를 도와드리겠습니다.
jŏp-su rŭl do-wa-dŭ-ri-get-sŭp-ni-da.

Je vais vous aider à vous inscrire.

13 의사선생님이 곧 오실거예요.
ŭi-sa-sŏn-saeng-nim i got o-shil-gŏ-ye-yo.

Le docteur sera bientôt là.

14 복용중인 약이 있나요?
bog-yong jung-in yag i it-na-yo?

Vous prenez des médicaments ?

15 알러지가 있나요?
al-lŏ-ji ga it-na-yo?

Avez-vous des allergies ?

16 지병이 있나요?
ji-byŏng i it-na-yo?

Avez-vous des plaintes (maladies) ?

17 입을 벌려보세요.
ib ŭl bŏl-lyŏ-bo-se-yo.

Veuillez ouvrir la bouche.

18 아 해보세요.
a hae-bo-se-yo.

Dites "Ah".

19 숨을 크게 쉬어보세요.
sum ŭl kŭ-ge shwi-ŏ-bo-se-yo.

Respirez profondément.

20 체온을 재볼게요.
che-on ŭl jae-bol-gge-yo.

Je vais prendre (votre) température corporelle.

21 주사를 맞아야 겠습니다.
ju-sa rŭl ma-ja-ya get-sŭp-ni-da.

Je dois vous faire une injection.

22 주사를 놔드릴게요.
ju-sa rŭl nwa-dŭ-ril-gge-yo.

Je vais vous donner une injection/piqûre.

23 조금 따끔합니다.
jo-gŭm tta-ggŭm-hap-ni-da.

Ça pique un peu.

24 지혈해드릴게요.
ji-hyŏl hae-dŭ-ril-gge-yo.

Je vais m'assurer qu'elle ne saigne plus.

25 피가 계속 나요.
pi ga gye-sok na-yo.

Je continue de saigner.

26 열이 많이 나네요.
yŏl i man-i na-ne-yo.

Vous avez une forte fièvre.

27 더 큰 병원으로 가야 합니다.
dŏ kŭn byŏng-wŏn ŭ-ro ga-ya hap-ni-da.

Vous devez aller dans un plus grand hôpital.

28 심각한 상황입니다.
shim-gak-han sang-hwang ip-ni-da.

C'est une situation grave.

29 엑스레이를 찍어봅시다.
ek-sŭ-re-i rŭl jjig-ŏ bop-shi-da.

Faisons une radio.

30 수술을 해야합니다.
su-sul ŭl hae-ya-hap-ni-da.

Vous avez besoin d'une opération.

31 왜 이렇게 늦게 오셨어요?
wae i-rŏt-ke nŭt-gge o-shŏ-ssŏ-yo?

Pourquoi êtes-vous venu si tard ?

32 큰 일 날 뻔 했습니다.
kŭn il nal bbŏn haet-ssŭp-ni-da.

Ça aurait pu être bien pire.

33 처방전을 드리겠습니다.
chŏ-bang-jŏn ŭl dŭ-ri-get-sŭp-ni-da.

Je vais vous donner une ordonnance.

34 약국에서 약을 받아가세요.
yak-gug e-sŏ yag ŭl bad-a-ga-se-yo.

Prenez vos médicaments à la pharmacie.

35 상태를 자세히 관찰하세요.
sang-tae rŭl ja-se-hi gwan-chal-ha-se-yo.

Surveillez (votre) état avec soin.

36 약을 잊지말고 드세요.
yag ŭl it-ji-mal-go dŭ-se-yo.

N'oubliez pas de prendre vos médicaments.

37 병원에 또 와야하나요?
byŏng-wŏn e tto wa-ya ha-na-yo?

**Est-ce que je dois retourner à l'hôpital
(= cabinet médical) ?**

38 아니요, 이제 안 오셔도 됩니다.
a-ni-yo,   i-je an o-shŏ-do doep-ni-da.

Non, vous n'avez pas besoin de revenir.

39 입원 하셔야 합니다.
ib-wŏn ha-shŏ-ya hap-ni-da.

**Vous devez être admis à l'hôpital.
= Vous devez rester à l'hôpital**

40 퇴원 하셔도 됩니다.
toe-wŏn ha-shŏ-do doep-ni-da.

**Vous pouvez sortir de l'hôpital.
= Vous pouvez rentrer chez vous maintenant.**

41 피검사를 해보는게 좋겠습니다.
pi gŏm-sa rŭl hae-bo-nŭn-ge jo-ket-sŭp-ni-da.

Je pense qu'il vaut mieux faire un test sanguin.

42 다른 불편한 곳은 없으신가요?
da-rŭn bul-pyŏn-han go sŭn ŏp-sŭ-shin-ga-yo?

Autre chose vous dérange ?

43 어떤 증상이 있죠?
ŏ-ttŏn jŭng-sang i it-jyo?

Quel genre de symptômes avez-vous ?

44 혀를 내밀어 보세요.
hyŏ rŭl nae-mil-ŏ bo-se-yo.
Essayez de tirer la langue.

45 침대에 누워계세요.
chim-dae e nu-wŏ-gye-se-yo.
Restez sur le lit.

46 그만 오셔도 될 것 같습니다.
gŭ-man o-shŏ-do doel gŏt gat-sŭp-ni-da.
Vous n'êtes pas obligé de revenir.

47 물을 많이 드세요.
mul ŭl man-i dŭ-se-yo.
Buvez beaucoup d'eau.

48 혈압을 재보겠습니다.
hyŏl-ab ŭl jae-bo-get-sŭp-ni-da.
Je vais prendre votre pression sanguine.

49 혈압이 높군요.
hyŏl-ab i nop-gun-nyo.
La pression sanguine est élevée.

50 정상입니다.
jŏng-sang ip-ni-da.
C'est normal.

51 눈물이 납니다.
nun-mul i nap-ni-da.
J'ai des larmes aux yeux.

52 눈이 너무 건조해요.
nun i nŏ-mu gŏn-jo-hae-yo.
Mes yeux sont trop secs.

53 어지럽습니다.
ŏ-ji-rŏp-sŭp-ni-da.
Je me sens étourdi.

54 약을 복용 중입니다.
yag ŭl bog-yong jung-ip-ni-da.
Je prends des médicaments (maintenant).
= Je suis actuellement sous traitement.

55 약을 복용하고 있나요?
yag ŭl bog-yong ha-go it-na-yo?
Avez-vous pris vos médicaments ?

56 발목을 삐었어요.
bal-mog ŭl bbi-ŏ-ssŏ-yo.
Je me suis foulé la cheville.

PHARMACIE

01 이 약을 주세요.
i yag ŭl ju-se-yo.
S'il vous plaît, donnez-moi ce médicament.

02 처방전을 주세요.
chŏ-bang-jŏn-ŭl ju-se-yo.
Veuillez me donner l'ordonnance.

03 처방전이 있어야 하나요?
chŏ-bang-jŏn i i-ssŏ-ya ha-na-yo?
Ai-je besoin d'une ordonnance ?

04 처방전 없이 살 수 있나요?
chŏ-bang-jŏn ŏp-shi sal su it-na-yo?
Puis-je acheter sans ordonnance ?

05 이게 무슨 약이죠?
i-ge   mu-sŭn yag i-jyo?
Quel genre de médicament est-ce ?

06 의사 소견서를 주세요.
ŭi-sa   so-gyŏn-sŏ rŭl ju-se-yo.
Veuillez me donner la note du médecin.

07 처방약 나왔습니다.
chŏ-bang-yak na-wa-ssŭp-ni-da.
Voici le médicament qu'on vous a prescrit.

08 하루에 몇 번 먹어야 하나요?
ha-ru-e myŏt bŏn mŏg-ŏ-ya ha-na-yo?
Combien de fois par jour dois-je le prendre ?

09 하루에 세 번, 식 후 30분이요.
ha-ru-e   se bŏn, shik hu sam-ship bun-i-yo.
Trois fois par jour 30 minutes après un repas.

10 규칙적으로 약을 복용하세요.
gyu-chik-jŏg-ŭ-ro yag ŭl bog-yong ha-se-yo.
Prenez le médicament régulièrement.

11 한 번에 한 알 이상 드시면 안되요.
han bŏn-e han al i-sang dŭ-shi-myŏn an-doe-yo.
Vous ne devez pas prendre plus d'une pilule à la fois.

12 깊이 베인데 바를 것 있나요?
gip-i be-in-de ba-rŭl gŏt it-na-yo?
Y a-t-il quelque chose à appliquer là où la coupure est profonde ?

13 이 연고를 상처에 바르세요.
i yŏn-go rŭl sang-chŏ-e ba-rŭ-se-yo.

Appliquer cette crème/pommade sur la coupure.

14 1회용 밴드를 붙이세요.
il-hoe-yong baen-dŭ rŭl bu-chi-se-yo.

Utilisez cette bande une fois.

15 부작용은 없을까요?
bu-jag-yong ŭn ŏp-ssŭl-gga-yo?

Y aura-t-il des effets secondaires ?

16 제가 아는 바로는 없습니다.
je ga a-nŭn ba-ro nŭn ŏp-ssŭp-ni-da.

Autant que je sache, il n'y en a pas.

17 이 약을 먹고 나면 졸릴 수 있어요.
i yag ŭl mŏk-go na-myŏn jol-lil su do i-ssŏ-yo.

Vous pourriez vous sentir fatigué après avoir pris ce médicament.

18 낮에는 복용하지 마세요.
na-je nŭn bo-gyong ha-ji ma-se-yo.

Ne le prenez pas pendant la journée.

19 증상이 계속되면 병원으로 가세요.
jŭng-sang i gye-sok-doe-myŏn byŏng-wŏn ŭ-ro ga-se-yo.

Si les symptômes persistent, allez à l'hôpital.

20 처방전 없이는 약을 드릴 수 없습니다.
chŏ-bang-jŏn ŏp-shi nŭn yag ŭl dŭ-ril su ŏp-sŭp-ni-da.

Je ne peux pas vous donner ce médicament sans ordonnance.

21 그 증상에는 이 약이 잘 듣습니다.
gŭ jŭng-sang e nŭn i yag i jal dŭt-ssŭp-ni-da.

Ce médicament fonctionne bien pour ce symptôme.

22 효과가 있으면 좋겠네요.
hyo-ggwa ga i-ssŭ-myŏn jo-ket-ne-yo.

J'espère que cela fonctionne efficacement.

23 이 약은 어디에 있나요?
i yag ŭn ŏ-di e it-na-yo?

Où est ce médicament ?

24 두 약의 차이점은 뭐죠?
du yag ŭi cha-i-jŏm ŭn mwŏ-jyo?

Quelle est la différence entre ces deux drogues ?

25 뭐가 더 잘 듣나요?
mwŏ ga dŏ jal dŭt-na-yo?

Lequel fonctionne le mieux ?

CHAPITRE 14. ATTRACTION TOURISTIQUE

01 여기가 유명한 관광지 인가요?
yŏ-gi ga yu-myŏng-han gwan-gwang-ji in-ga-yo?

Est-ce une destination touristique célèbre ?

02 네, 아주 유명합니다.
ne, a-ju yu-myŏng-hap-ni-da.

Oui, c'est très célèbre.

03 사람들이 굉장히 많네요.
sa-ram-dŭl i goeng-jang-hi man-ne-yo.

Il y a tellement de gens.

04 관광객이 많습니다.
gwan-gwang-gaek i man-sŭp-ni-da.

Il y a beaucoup de touristes.

05 언제나 사람이 많아요.
ŏn-je-na sa-ram i man-a-yo.

Il y a toujours beaucoup de monde.

06 평일에도 붐빕니다.
pyŏng-il e-do bum-bip-ni-da.

C'est même bondé en semaine.

07 인기가 많은 곳입니다.
in-gi-ga man-ŭn go ship-ni-da.

C'est un endroit populaire.

08 역사적인 곳입니다.
yŏ-k-sa-jŏg-in go ship-ni-da.

C'est un lieu historique.

09 이 곳은 어떤 곳인가요?
i go sŭn ŏ-ttŏn go shin-ga-yo?

Quel genre d'endroit est-ce ?

10 어떠한 의미가 있나요?
ŏ-ttŏ-han ŭi-mi ga it-na-yo?

Qu'est-ce que ça veut dire ?

11 영어 안내 책자가 있나요?
yŏng-ŏ an-nae chaek-ja ga it-na-yo?

Avez-vous un guide de voyage en anglais ?

12 영어 안내원이 있나요?
yŏng-ŏ an-nae-wŏn i it-na-yo?

Avez-vous un guide en anglais ?

13 오디오 가이드가 있나요?
o-di-o ga-i-dŭ ga it-na-yo?

Avez-vous un audioguide ?

14 티켓은 어디서 사나요?
ti-ke sŭn ŏ-di-sŏ sa-na-yo?

Où dois-je acheter le billet ?

15 화장실은 어디에 있나요?
hwa-jang-shil ŭn ŏ-di-e it-na-yo?

Où sont les toilettes ?

16 입장 후에도 화장실이 있나요?
ip-jang hu-e do hwa-jang-shil i it-na-yo?

Y a-t-il aussi des toilettes après l'entrée ?

17 안내소는 어디인가요?
an-nae-so nŭn ŏ-di in-ga-yo?

Où est le bureau d'information ?

18 여권이 필요한가요?
yŏ-ggwŏn i pil-yo-han-ga-yo?

Un passeport est-il requis ?

19 사진을 찍어도 되나요?
sa-jin ŭl jjig-ŏ-do doe-na-yo?

Puis-je prendre une photo ?

20 사진 좀 찍어주시겠어요?
sa-jin jom jjig-ŏ ju-shi-get-ssŏ-yo?

Pouvez-vous me prendre une photo, s'il vous plaît ?

21 사진 찍어드릴까요?
sa-jin jjig-ŏ dŭ-ril-gga-yo?

Dois-je vous prendre une photo ?

22 배경이 나오게 찍어주세요.
bae-gyŏng i na-o-ge jjig-ŏ ju-se-yo.

Veuillez prendre une photo avec un fond visible.

23 어른 한 장, 어린이 두 장 주세요.
ŏ-rŭn han jang, ŏ-rin-i du jang ju-se-yo.

Donnez-moi un billet (pour les adultes), deux billets (pour les enfants).

24 몇시까지 입장해야 하나요?
myŏ-sshi gga-ji ip-jang hae-ya ha-na-yo?

Jusqu'à quand dois-je y aller ?

25 몇시까지 구경 가능한가요?
myŏ-sshi gga-ji gu-gyŏng ga-nŭng-han-ga-yo?

Au plus tard quand pouvons-nous regarder autour de nous ?

26 출구가 어디죠?
chul-gu ga ŏ-di-jyo?

Où est la sortie ?

27 동영상을 찍어도 되나요?
dong-yŏng-sang ŭl jjig-ŏ-do doe-na-yo?

Je peux prendre une vidéo ?

28 입장 제한 구역입니다.
ip-jang je-han gu-yeog ip-ni-da.

(C'est) une zone (d'entrée) restreinte.

29 왼쪽으로/오른쪽으로 걸으세요.
oen-jjog ŭ-ro / o-rŭn-jjog ŭ-ro gŏl-ŭ-se-yo.

Restez à gauche / droite en marchant.

30 여기서 만나요.
yŏ-gi-sŏ man-na-yo.

Rencontrons-nous ici.

31 입장료는 얼마죠?
ip-jang-nyo nŭn ŏl-ma-jyo?

Combien coûte l'entrée ?

32 어린이/경로 할인이 있나요?
ŏ-rin-i / gyŏng-no hal-in i it-na-yo?

Avez-vous une réduction pour les enfants / les personnes âgées ?

33 외국인은 얼마죠?
oe-gug-in ŭn ŏl-ma-jyo?

Combien cela coûte-t-il pour les étrangers ?

34 여기 들어가도 되나요?
yŏ-gi dŭl-ŏ-ga-do doe-na-yo?

Puis-je entrer ici ?

35 바깥에서만 관람해주세요.
ba-ggat-e-sŏ man gwal-lam hae-ju-se-yo.

Veuillez ne regarder que de l'extérieur.

36 들어가면 안됩니다.
dŭl-ŏ-ga-myŏn an-doep-ni-da.

Vous ne pouvez pas entrer.

37 조용히 해주세요.
jo-yong-hi hae-ju-se-yo.

S'il vous plaît, taisez-vous.

38 큰 소리로 말하면 안됩니다.
kŭn so-ri ro mal-ha-myŏn an-doep-ni-da.

Veuillez baisser la voix.

39 만지면 안됩니다.
man-ji-myŏn an-doep-ni-da.

Vous ne pouvez pas le toucher.

40 기념품 가게는 어디에 있나요?
gi-nyŏm-pum ga-ge-nŭn ŏ-di-e it-na-yo?

Où est le magasin de souvenirs ?

41 기념품을 사고 싶습니다.
gi-nyŏm-pum ŭl sa-go ship-sŭp-ni-da.

Je veux acheter des souvenirs.

42 입장권을 보여주세요.
ip-jang-ggwŏn ŭl bo-yŏ-ju-se-yo.

Veuillez me montrer le billet.

43 검색을 하겠습니다.
gŏm-saeg ŭl ha-get-ssŭp-ni-da.

Je vais effectuer un scan (de sécurité).

44 음식은 반입이 안됩니다.
ŭm-shig ŭn ban-ib i an-doep-ni-da.

Vous n'avez pas le droit d'emporter la nourriture avec vous.

45 안에 식당이 있나요?
an-e shik-dang i it-na-yo?

Y a-t-il un restaurant à l'intérieur ?

46 문화적인 의미가 있습니다.
mun-hwa-jŏg-in ŭi-mi ga it-ssŭp-ni-da.

Il a une signification culturelle.

47 이런건 처음 봅니다.
i-rŏn gŏn chŏ-ŭm bop-ni-da.

C'est ma première fois de voir une telle chose. = Je n'ai jamais rien vu de tel.

48 경치 좋다!
gyŏng-chi jot-ta!

C'est une bonne vue ! = Quelle vue !

49 정말 멋집니다.
jŏng-mal mŏt-jip-ni-da..

C'est vraiment cool.

50 생각보다 멋집니다.
saeng-gak bo-da mŏt-jip-ni-da.

C'est plus cool que je ne le pensais.

51 정말 한국적이네요.
jŏng-mal han-guk-jŏg i-ne-yo.

C'est vraiment (style) coréen.

52 아주 독특합니다.
a-ju dok-tŭk-hap-ni-da.

C'est tellement unique.

53 이게 다예요?
i-ge da ye-yo?

C'est tout ?

54 별로네요.
byŏl-lo-ne-yo.

Ce n'est pas si bon.

55 실망스럽네요.
shil-mang-sŭ-rŏp-ne-yo.

C'est décevant.

56 괜히 왔어요.
gwen-hi wa-ssŏ-yo.

On n'aurait pas dû venir ici.
= Nous sommes venus ici pour rien !

CHAPITRE 15. MÉTÉO

01 날씨가 어때요?
nal-shi ga ŏ-ttae-yo?

Quel temps fait-il ?

02 날씨가 정말 좋네요!
nal-shi ga jŏng-mal jot-ne-yo!

Il fait très beau temps ! = Quel beau temps !

03 매일 날씨가 이랬으면 좋겠어요.
mae-il nal-shi ga i-rae-sŭ-myŏn jo-ke-ssŏ-yo.

J'aimerais que le temps soit comme ça tous les jours.

04 날씨가 왜 이렇죠?
nal-shi ga wae i-rŏt-chyo?

Pourquoi le temps est comme ça ?
= Qu'est-ce qui ne va pas avec le temps ?

05 비가 오려나?
bi ga o-ryŏ-na?

Va-t-il pleuvoir ?

06 하늘이 맑아요.
ha-nŭl i mal-ga-yo.

Le ciel est clair.

07 햇살이 따갑습니다.
hae-ssal i tta-gap-sŭp-ni-da.

La lumière du soleil pique. = Le soleil est chaud.

08 구름이 많이 꼈네요.
gu-rŭm i man-i ggyŏt-ne-yo.

Beaucoup de nuages sont présent. = C'est nuageux.

09 눈이 내린다!
nun i nae-rin-da!

La neige tombe ! = Il neige !

10 첫눈이다!
chŏt nun i-da!

C'est la première neige !

11 비가 쏟아지네요!
bi ga sso-da-ji-ne-yo!

Il pleut !

12 일기 예보가 틀렸어요.
il-gi ye-bo ga tŭl-lyŏ-sŏ-yo.

Les prévisions météo sont fausses.

13 우산을 가져올걸!
u-san ŭl ga-jyŏ-ol-gŏl!

J'aurais dû apporter un parapluie !

14 너무 덥네요/춥네요.
nŏ-mu dŏp-ne-yo/chup-ne-yo.

Il fait trop chaud/froid.

15 굉장히 습하네요/건조하네요.
goeng-jang-hi sŭp-ha-ne-yo / gŏn-jo-ha-ne-yo.

Il est très humide/sec.

16 비가/눈이 그쳤나요?
bi ga / nun i gŭ-chyŏt-na-yo?

La pluie/neige s'est-elle arrêtée ?

17 이제 안오네요.
i-je an o-ne-yo.

Il a cessé de pleuvoir / de neiger.

18 내일은 날씨가 어떨까요?
nae-il ŭn nal-shi ga ŏ-ttŏl-gga-yo?

Quel temps fera-t-il demain ?

19 날씨가 정말 이상하네요.
nal-shi ga jŏng-mal i-sang-ha-ne-yo.

Le temps est vraiment bizarre.

20 서울 날씨는 어때요?
sŏ-ul nal-shi nŭn ŏ-ttae-yo?

Quel sera le temps à Séoul ?

21 비가/눈이 올 것 같아요.
bi ga / nun i ol gŏt gat-a-yo.

Il semble qu'il va pleuvoir/neiger.

22 일기 예보 들으셨나요?
il-gi ye-bo dŭl-ŭ-shŏt-na-yo?

Avez-vous entendu les prévisions météo ?

23 일기 예보에 따르면 화창할 예정입니다.
il-gi ye-bo-e tta-rŭ-myŏn hwa-chang-hal ye-jŏng-ip-ni-da.

Selon les prévisions météorologiques, il fera beau temps.

24 태풍이 오고 있어요.
tae-pung i o-go i-ssŏ-yo.

La tempête arrive.

25 소풍가기에 날씨가 어때요?
so-pung ga-gi-e nal-shi ga ŏ-ttae-yo?

Quel temps fait-il pour un pique-nique ?

26 오늘 몇 도예요?
o-nŭl myŏt do ye-yo?

Quelle est la température aujourd'hui ?

27 최고기온은/최저기온은 30도입니다.
choe-go gi-on ŭn/choe-jŏ gi-on ŭn sam-ship do ip-ni-da.

La température la plus élevée/ plus basse est de 30 degrés.

28 날씨가 차차 좋아지고 있어요.
nal-shi ga cha-cha jo-a-ji-go i-ssŏ-yo.

Le temps s'améliore progressivement.

29 아침내내 흐렸어요.
a-chim nae-nae hŭ-ryŏ-ssŏ-yo.

Il y a eu des nuages toute la matinée.

30 날씨를 예측할 수 없네요.
nal-shi rŭl ye-chŭk hal su ŏp-ne-yo.

Je ne peux pas prédire le temps.

31 해가 점점 짧아지고/길어지고 있어요.
hae ga jŏm-jŏm jjal-ba-ji-go / gil-ŏ-ji-go i-ssŏ-yo.

Le soleil est de plus en plus long et court. = Les jours sont de plus en plus courts/ longs.

32 오후에 비가/눈이 올 거예요.
o-hu e bi ga / nun i ol gŏ-ye-yo.

La pluie/neige arrivera dans l'après-midi.

33 날씨가 변덕스러워요.
nal-shi ga byŏn-dŏk-sŭ-rŏ-wŏ-yo.

Le temps est imprévisible/ changeant/ incertain.

34 날씨가 오락가락 하네요.
nal-shi ga o-rak-ga-rak ha-ne-yo.

Le temps change constamment.

35 곧 좋아질 거예요.
got jo-a-jil gŏ-ye-yo.

Cela va bientôt s'améliorer.

36 하루종일 비가/눈이 오네요.
ha-ru-jong-il bi ga / nun i   o-ne-yo.
Il pleut / neige toute la journée.

37 기온이 많이 떨어졌어요.
gi-on i   man-i ttŏl-ŏ-jyŏ-ssŏ-yo.
La température a considérablement baissé.

38 날씨가 따뜻하네요.
nal-shi ga tta-ttŭt-ha-ne-yo.
Le temps est chaud.

39 날씨가 맑겠습니다.
nal-shi ga mal-gget-sŭp-ni-da.
Le temps sera clair.

40 일기 예보는 믿을 수 없습니다.
il-gi   ye-bo nŭn mid-ŭl su-ga ŏp-sŭp-ni-da.
Vous ne pouvez pas vous fier aux prévisions météorologiques.

41 한국 날씨 어때요?
han-guk nal-shi ŏ-ttae-yo?
Quel est le temps en Corée ?

42 어떤 계절이 가장 좋아요?
ŏ-ttŏn gye-jŏl i   ga-jang jo-a-yo?
Quelle est la saison que vous préférez ?

43 봄이/여름이/가을이/겨울이 가장 좋아요.
bom i / yŏ-rŭm i / ga-ŭl i / gyŏ-ul i   ga-jang jo-a-yo.
J'aime surtout le printemps/l'été/l'automne/l'hiver.

44 곧 봄이 올 거예요.
got bom i   ol gŏ-ye-yo.
Le printemps arrivera bientôt.

45 잎이 붉게 물드네요.
ip i   bul-gge mul-dŭ-ne-yo.
Les feuilles deviennent rouges.

46 황사가 옵니다.
hwang-sa ga op-ni-da.
La tempête de sable arrive.

47 황사때문에 눈이 따가워요.
hwang-sa ttae-mun-e nun i tta-ga-wŏ-yo.
Les yeux piquent à cause de la tempête de sable.

48 비가 오면 좋겠어요.
bi ga   o-myŏn jo-ke-ssŏ-yo.
Ce serait bien qu'il pleuve.

49 지금은 장마철이에요.
ji-gŭm ŭn jang-ma-chŏl i-e-yo.
C'est la saison des pluies maintenant.

50 이번 주부터 장마가 시작됩니다.
i-bŏn ju bu-tŏ jang-ma ga shi-jak-doep-ni-da.
La saison des pluies commence cette semaine.

51 쾌적한 날씨네요!
kwae-jŏk-han nal-shi ne-yo!
Quel temps agréable/ idéal !

52 날씨 정말 좋네요!
nal-shil jŏng-mal jot-ne-yo!
Il fait vraiment beau temps !

53 구름 하나 없어요.
gu-rŭm ha-na ŏp-sŏ-yo.
Il n'y a pas un seul nuage !

54 땀이 나네요.
ttam i na-ne-yo.
Je transpire.

55 안개가 자욱하네요.
an-gae ga ja-uk-ha-ne-yo.
Il y a beaucoup de brouillard.

56 바람이 많이 부네요.
ba-ram i man-i bu-ne-yo.
Il y a beaucoup de vent.

57 공기가 안좋아요.
gong-gi ga an-jo-a-yo.
La (qualité) d'air n'est pas bonne.

58 눈이 많이 쌓였어요.
nun i man-i ssa-yŏ-ssŏ-yo.
Beaucoup de neige s'est accumulée.

59 길이 얼었어요.
gil i ŏl-ŏ-ssŏ-yo.
La route est gelée.

60 길이 미끄러워요.
gil i mi-ggŭ-rŏ-wŏ-yo.
La route est glissante.

CHAPITRE 16. ÉMOTIONS

01	정말 기뻐요. jŏng-mal gi-bbŏ-yo.	Je suis très heureux.
02	좋은 생각이에요! jo-ŭn saeng-gag i-e-yo!	C'est une idée géniale !
03	훌륭합니다. hul-lyung-hap-ni-da.	C'est fabuleux.
04	화났어요? hwa na-ssŏ-yo?	Tu es contrarié ?
05	많이 화났어요. man-i hwa na-ssŏ-yo.	Je suis très en colère
06	짜증나요. jja-zŭng na-yo.	Je suis vraiment confus.
07	열받았어요. yŏl bad-a-ssŏ-yo.	Je suis en colère.
08	안심이 됩니다. an-shim i doep-ni-da.	C'est un soulagement.
09	놀랍군요! nol-lap-gun-yo!	Incroyable ! / Génial !

10 농담이죠?
nong-dam i-jyo?

Vous vous moquez de moi, n'est-ce pas ?

11 장난하지 마세요.
jang-nan ha-ji ma-se-yo.

Arrêtez de jouer / plaisanter avec moi.

12 믿을 수 없어!
mid-ŭl su ŏp-sŏ!

Je ne peux pas le croire !

13 환상적이네요!
hwan-sang-jŏg i-ne-yo!

C'est fantastique !

14 멋질 거예요!
mŏt-jil gŏ-ye-yo!

Ça va être cool !

15 진짜예요?
jin-jja ye-yo?

Vraiment ?

16 진심인가요?
jin-shim in-ga-yo?

Es-tu sérieux ?

17 흥미진진하네요.
hŭng-mi-jin-jin ha-ne-yo.

C'est excitant !

18 끔찍해!
ggŭm-jjik-hae!

C'est terrible !

19 창피해!
chang-pi-hae!

Quel dommage !

20 이제 제발 그만해!
i-je je-bal gŭ-man-hae!

Veuillez arrêter maintenant !

21 매우 불쾌하네요.
mae-u bul-kwae-ha-ne-yo.

Je suis extrêmement malheureux.

22 슬퍼요.
sŭl-pŏ-yo.

Je suis triste.

23 정말 비참하네요.
jŏng-mal bi-cham-ha-ne-yo.

C'est vraiment misérable.

24 기분이 별로 좋지 않아요.
gi-bun i byŏl-lo jot-chi an-a-yo.

Je ne suis pas de bonne humeur.

25 기분이 좋아요.
gi-bun i jo-a-yo.

Je vais bien.

26 우울하네요.
u-ul-ha-ne-yo.

Je me sens déprimé.

27 실망이에요.
shil-mang i-e-yo.

Je suis déçu

28 당신에게 실망했어요.
dang-shin e-ge shil-mang-hae-ssŏ-yo.

Tu me déçois.

29 애석하네요.
ae-sŏk-ha-ne-yo.

C'est dommage.

30 저런, 안됐네요.
jŏ-rŏn, an-doet-ne-yo.

Oh, mon Dieu, c'est dommage.

31 운이 나빴어요.
un i na-bba-ssŏ-yo.

C'était malheureux.

32 그 말을 들으니 유감입니다.
gŭ mal ŭl dŭl-ŭ-ni yu-gam-ip-ni-da.

Je suis désolé d'entendre ça.

33 저는 당신 편이에요.
jŏ nŭn dang-shin pyŏn i-e-yo.

Je suis de votre côté.

34 실망하지 마세요.
shil-mang ha-ji ma-se-yo.

Ne soyez pas déçu.

35 무슨 일이지요?
mu-sŭn il i-ji-yo?

Qu'est-ce qu'il y a ?

36 뭐가 잘못되었나요?
mwŏ ga jal-mot doe-ŏt-na-yo?

Y a-t-il un problème ?

37 괜찮아요?
goen-chan-a-yo?
Est-ce que ça va ? / Tout va bien ?

38 걱정하지 마세요.
gŏk-jŏng ha-ji ma-se-yo.
Ne t'inquiète pas pour ça.

39 무엇 때문에 걱정이세요?
mu-ŏt ttae-mun-e gŏk-jŏng-i-se-yo?
Qu'est-ce qui t'inquiète ?

40 무슨 문제 있나요?
mu-sŭn mun-je it-na-yo?
Y a-t-il un problème ?

41 빨리 해결하시기를 바래요.
bbal-li hae-gyŏl-ha-shi-gi rŭl ba-rae-yo.
J'espère que vous le résoudrez bientôt.

42 대단히 감사합니다.
dae-dan-hi gam-sa-hap-ni-da.
Merci beaucoup.

43 모든 것에 감사드려요.
mo-dŭn gŏ se gam-sa-dŭ-ryŏ-yo.
Merci pour tout.

44 도와주셔서 감사합니다.
do-wa-ju-shŏ-sŏ gam-sa-hap-ni-da.
Merci de m'aider.

45 저에게 큰 도움이 되어주셨어요.
jŏ e-ge kŭn do-um i doe-ŏ-ju-shŏ-ssŏ-yo.
Vous avez été d'une grande aide.

46 초대해 주셔서 감사합니다.
cho-dae-hae ju-shŏ-sŏ gam-sa-hap-ni-da.
Merci de m'avoir invité.

47 고맙습니다.
go-map-sŭp-ni-da.
Merci beaucoup.

48 정말 친절하시네요.
jŏng-mal chin-jŏl-ha-shi-ne-yo.
C'est très gentil de votre part.

49 저야말로 감사합니다.
jŏ-ya-mal-lo gam-sa-hap-ni-da.
C'est moi qui suis reconnaissant(e). = Merci.

50 천만에요.
chŏn-man-e-yo.
De rien. = Je vous en prie.

51 미안합니다.
mi-an-hap-ni-da.
Je suis désolé.

52 죄송합니다.
joe-song-hap-ni-da.
Je m'excuse.

53 정말 죄송합니다.
jŏng-mal joe-song-hap-ni-da.
Je m'excuse sincèrement.

54 정말 미안합니다.
jŏng-mal mi-an-hap-ni-da.
Je suis vraiment désolé.

55 늦어서 죄송합니다.
nŭ-zŏ-sŏ joe-song-hap-ni-da.
Je suis désolé d'être en retard.

56 기다리게 해서 죄송해요.
gi-da-ri-ge hae-sŏ joe-song-hae-yo.
Je suis désolé de vous avoir fait attendre.

57 제 실수예요.
je shil-su ye-yo.
C'est de ma faute.

58 제 실수를 사과드립니다.
je shil-su rŭl sa-gwa-dŭ-rip-ni-da.
Je m'excuse pour mon erreur.

59 너무 시끄럽게 해서 죄송합니다.
nŏ-mu shi-ggŭ-rŏp-ge hae-sŏ joe-song-hap-ni-da.
Je m'excuse d'avoir été trop bruyant.

60 그런 의도가 아니었어요.
gŭ-run ŭi-do ga a-ni-ŏ-ssŏ-yo.
Ce n'était pas mon intention.

61 당연하죠!
dang-yŏn-ha-jyo!
Bien sûr !

62 물론이죠!
mul-lon-i-jyo!
Absolument !

63 미쳤어요?
mi-chyŏ-ssŏ-yo?
T'es fou ?

64 정신 나갔어요?
jŏng-shin na-ga-ssŏ-yo?
T'es cinglé ?

65 화내지 마세요.
hwa-nae-ji ma-se-yo.

Ne te fâche pas.

66 무서워요.
mu-sŏ-wŏ-yo.

C'est effrayant/ Tu es effrayant.

67 너무 웃겨요.
nŏ-mu ut-gyŏ-yo.

C'est trop drôle.

68 정말 재밌어요.
jŏng-mal jae-mi-ssŏ-yo.

C'est vraiment amusant.

69 마음이 아파요.
ma-ŭm i a-pa-yo.

J'ai mal à la tête. = J'ai le cœur brisé.

CHAPITRE 17. AU TRAVAIL

01 신입사원 김철수입니다.
shin-ip-sa-wŏn kim chŏl-su ip-ni-da.

Je suis Kim Cheol-su, une nouvelle employée/recrue.

02 많이 가르쳐주세요.
man-i ga-rŭ-chyŏ-ju-se-yo.

J'espère que je peux apprendre beaucoup de vous.

03 인턴으로 들어왔습니다.
in-tŏn ŭ-ro dŭl-ŏ-wa-sŭp-ni-da.

Je suis une stagiaire.

04 마케팅 부서에서 일하게 되었습니다.
ma-ke-ting bu-sŏ e-sŏ il-ha-ge doe-ŏ-ssŭp-ni-da.

J'ai été affecté au département marketing.

05 함께 일하게 되어 영광입니다.
ham-gge il-ha-ge doe-ŏ yŏng-gwang ip-ni-da.

C'est un honneur de travailler avec vous.

06 이 전에는 삼성에서 일했어요.
i jŏn-e-nŭn sam-sŏng e-sŏ il-hae-ssŏ-yo.

J'ai travaillé à OO avant de venir ici.

07 출근/퇴근은 몇시인가요?
chul-gŭn/toe-gŭn ŭn myŏ-sshi in-ga-yo?

Quelle est l'heure d'entrée/ sortie ?

08 점심 시간은 몇시부터인가요?
jŏm-shim shi-gan ŭn myŏ-sshi bu-tŏ in-ga-yo?

A quelle heure commence le déjeuner ?

09 제 자리는 어디죠?
je ja-ri nŭn ŏ-di-jyo?
Où est ma place ?

10 사원증을 만들어드릴게요.
sa-wŏn-tzŭng ŭl man-dŭl-ŏ dŭ-ril-gge-yo.
Je vais te faire une carte d'employé.

11 계약서에 서명해주세요.
gye-yak-sŏ e sŏ-myŏng hae-ju-se-yo.
Veuillez signer le contact.

12 연봉은 얼마죠?.
yŏn-bong ŭn ŏl-ma-jyo?
Quel est le salaire ?

13 월급은 통장으로 보내드립니다.
wŏl-gŭb ŭn tong-jang ŭ-ro bo-nae-dŭ-rip-ni-da.
Nous envoyons des paiements (mensuels) à (votre) compte.

14 휴가는 일년에 며칠인가요?
hyu-ga nŭn il-nyŏn e myŏ-chil in-ga-yo?
Combien de jours de vacances ai-je par an ?

15 구내식당은 어디죠?
gu-nae-shik-dang ŭn ŏ-di-jyo?
Où est la cafétéria ?

16 야근을 많이 하나요?
ya-gŭn ŭl man-i ha-na-yo?
Faisons-nous beaucoup d'heures supplémentaires la nuit ?

17 프로젝트가 많아요.
pŭ-ro-jek-tŭ ga man-a-yo.
Nous avons / Il y a beaucoup de projets.

18 우리 팀장님은 깐깐해요.
u-ri tim-jang-nim ŭn ggan-ggan-hae-yo.
Notre manager est pointilleux/exigeant.

19 우리 사장님은 개방적이에요.
u-ri sa-jang-nim ŭn gae-bang-jŏg i-e-yo.
Notre patron est ouvert d'esprit.

20 사내 연애는 금지예요.
sa-nae yŏn-ae nŭn gŭm-ji-ye-yo.
Les rencontres au travail sont interdites.

21 담배를 피려면 옥상으로 가세요.
dam-bae rŭl pi-ryŏ-myŏn ok-sang-ŭ-ro ga-se-yo.
Si vous fumez une cigarette, montez sur le toit.

22 복장은 정장/캐쥬얼 입니다.
bok-jang ŭn jŏng-jang/kae-yju-ŏl ip-ni-da.
Le code vestimentaire est combinaison/ décontracté.

23 탕비실은 어디인가요?
tang-bi-shil ŭn ŏ-di-in-ga-yo?
Où est la cuisine du bureau ?

24 업무 보고를 해주세요.
ŏp-mu bo-go rŭl hae-ju-se-yo.
Veuillez me donner le rapport d'activité.

25 프레젠테이션 준비를 합시다.
pŭ-re-jen-te-i-shŏn jun-bi rŭl hap-shi-da.
Préparons-nous pour la présentation.

26 아주 중요한 미팅이에요.
a-ju jung-yo-han mi-ting i-e-yo.
C'est une réunion très importante.

27 여기선 원래 그렇게 해요.
yŏ-gi-sŏn wŏl-lae gŭ-rŏt-ke hae-yo.
C'est comme ça qu'on procède ici.

28 이렇게 하면 되나요?
i-rŏt-ke ha-myŏn doe-na-yo?
Est-ce que ça va si j'aime ça ?

29 업무가 많네요/적네요.
ŏp-mu ga man-ne-yo/jŏk-ne-yo.
Il y a beaucoup/peu de travail.

30 퇴근 해도 될까요?
toe-gŭn hae-do doel-gga-yo?
Puis-je quitter le travail ?
= Ça vous dérange si je pars ?

31 제가 더 도와드릴 일이 있을까요?
je ga dŏ do-wa-dŭ-ril il i i-ssŭl-gga-yo?
Je peux vous aider à travailler ?

32 좋은 동료가 있어서 기쁘네요.
jo-ŭn dong-nyo ga i-ssŏ-sŏ gi-bbŭ-ne-yo.
Je suis heureux parce que j'ai un bon collègue.

33 내일은 휴일이라 출근 안해도 되요.
nae-il ŭn hyu-il i-ra chul-gŭn an-hae-do doe-yo.
Vous n'êtes pas obligé de venir travailler parce que demain est un jour férié.

34 오늘 결근이에요.
o-nŭl gyŏl-gŭn i-e-yo.
(Je suis/ Il est/ Elle est) absent(e) aujourd'hui.

35 몸이 아파서 조퇴하려고요.
mom i a-pa-sŏ jo-toe ha-ryŏ-go-yo.
Je vais partir tôt parce que je ne me sens pas bien.

36 제 업무 좀 대신 해주세요.
je ŏp-mu jom dae-shin hae-ju-se-yo.
S'il vous plaît, faites mon travail pour moi.
= Pouvez-vous me remplacer ?

37 왜 퇴근 안하세요?
oe toe-gŭn an-ha-se-yo?

Pourquoi tu ne quittes pas le travail ?

38 오늘 야근 하시나요?
o-nŭl ya-gŭn ha-shi-na-yo?

Tu fais des heures supplémentaires ce soir ?

39 경비처리 하면 되요.
gyŏng-bi chŏ-ri ha-myŏn doe-yo.

Il peut être radié en tant que frais professionnels.

40 빨리 해주세요.
bbal-li hae-ju-se-yo.

S'il vous plaît, faites-le rapidement.

41 오늘까지 처리 해야해요.
o-nŭl gga-ji chŏ-ri hae-ya-hae-yo.

Jusqu'à aujourd'hui, il faut s'en occuper.

42 저에게 이메일로 보내주세요.
jŏ e-ge i-mae-il lo bo-nae-ju-se-yo.

S'il vous plaît, envoyez-le-moi par e-mail.

43 회의실로 오세요.
hoe-ŭi-shil lo o-se-yo.

Veuillez-vous rendre à la salle de briefing.

44 그렇게 하면 안돼요.
gŭ-rŏt-ke ha-myŏn an-doe-yo.

Tu ne devrais pas le faire de cette façon.

45 결재해주세요.
gyŏl-jae hae-ju-se-yo.

Veuillez approuver/autoriser.

46 사장님께 보고하세요.
sa-jang-nim-gge bo-go ha-se-yo.

Veuillez-vous présenter au patron.

47 이 서류를 복사해주세요.
i sŏ-ryu rŭl bok-sa hae-ju-se-yo.

Veuillez faire des copies de ce document.

48 좀 쉬었다 합시다.
jom shwi-ŏt-da hap-shi-da.

Faisons une courte pause.

49 집에서 마무리 할게요.
jib e-sŏ ma-mu-ri hal-gge-yo.

Je vais finir ça à la maison.

50 재택근무 하려고요.
jae-taek-gŭn-mu ha-ryŏ-go-yo.

Je travaille à la maison.

51 내일도 사무실에 나와주세요.
nae-il do sa-mu-shil e na-wa-ju-se-yo.
S'il vous plaît, venez travailler demain.

52 오늘 회식 있습니다.
o-nŭl hoe-shik it-ssŭp-ni-da.
Il y a une fête d'entreprise aujourd'hui.

53 회식에 꼭 가야하나요?
hoe-shig e ggok ga-ya ha-na-yo?
Dois-je aller à la fête d'entreprise ?

54 물론이죠. 빠지면 안돼요.
mul-lon-i-jyo. bba-ji-myŏn an-doe-yo.
Bien sûr. Ce n'est pas bien si tu le rates.

55 오늘 아파서 출근 못할 것 같아요.
o-nŭl a-pa-sŏ chul-gŭn mot-hal gŏt gat-a-yo.
Je ne pense pas pouvoir aller au travail aujourd'hui parce que je me sens malade.

56 결근계를 작성해주세요.
gyŏl-gŭn-gye rŭl jak-sŏng hae-ju-se-yo.
Veuillez remplir un rapport d'absence.

57 너무 열심히 일하지 마세요.
nŏ-mu yŏl-shim-hi il ha-ji ma-se-yo.
Ne travaillez pas trop dur.

58 깜빡 졸았어요.
ggam-bbak jol-at-ŏ-yo.
Je me suis endormi un moment.

59 먼저 퇴근할게요.
mŏn-jŏ toe-gŭn hal-gge-yo.
Je vais d'abord quitter le travail (= avant toi).

60 수고하세요!
su-go ha-se-yo!
Prends-le. / A plus tard.

61 팀장님보다 먼저 퇴근하면 안돼요.
tim-jang-nim bo-da mŏn-jŏ toe-gŭn ha-myŏn an-doe-yo.
Ce n'est pas normal que tu quittes le travail plus tôt que le patron.

62 다들 그렇게 해요.
da-dŭl gŭ-rŏt-ke hae-yo.
Tout le monde ici le fait.

63 신입사원 교육을 하겠습니다.
shin-ip-sa-wŏn gyo-yug ŭl ha-get-ssŭp-ni-da.
Nous aurons une nouvelle formation du personnel.

64 승진 축하드립니다!
sŭng-jin chuk-ha-dŭ-rip-ni-da!
Félicitations pour votre promotion !

65 인사평가에 반영 될거예요.
in-sa-pyŏng-gga e ban-yŏng doel-ggŏ-ye-yo.

Elle est prise en compte dans l'évaluation des salariés.

66 인사과에 가서 말해보세요.
in-sa-ggwa e ga-sŏ mal-hae-bo-se-yo.

Essayez de parler au service des ressources humaines.

67 어느 분께 여쭤보면 될까요?
ŏ-nŭ bun gge yŏ-jjwŏ-bo-myŏn doel-gga-yo?

A qui dois-je demander ?

68 월급이 아직 안 들어왔어요.
wŏl-gŭb i a-jik an dŭl-ŏ-wa-ssŏ-yo.

Le chèque de paie n'est pas encore arrivé.
= Je n'ai pas encore reçu mon chèque de paie.

69 월급이 올랐어요.
wŏl-gŭb i ol-la-ssŏ-yo.

(Mon) salaire mensuel a augmenté.
= J'ai reçu une augmentation de salaire.

70 저는 퇴사하려고요.
jŏ nŭn toe-sa ha-ryŏ-go-yo.

J'ai l'intention de quitter la compagnie.
= Je vais démissionner/ quitter le travail.

71 다른 곳으로 이직하려고요.
da-rŭn go sŭ-ro i-jik ha-ryŏ-go-yo.

(Je prévois) de déménager à un(e) autre endroit (= entreprise).

72 더 좋은 조건을 주는 곳을 찾았어요.
dŏ jo-ŭn jo-ggŏn ŭl ju-nŭn go sŭl cha-ja-ssŏ-yo.

J'ai trouvé un endroit qui me propose une meilleure offre.

73 이직 제의가 들어왔어요.
i-jik je-ŭi ga dŭl-ŏ-wa-ssŏ-yo.

J'ai reçu une offre d'emploi d'une autre entreprise.

74 그 분은 예전에 그만 두셨어요.
gŭ bun ŭn ye-jŏn-e gŭ-man du-shŏ-ssŏ-yo.

Cette personne (= il/elle) a arrêté il y a un certain temps.

CHAPITRE 18. AU POSTE DE POLICE

01 도와주세요!
do-wa-ju-se-yo!

S'il vous plaît, à l'aide !

02 도움이 필요합니다.
do-um i pil-yo-hap-ni-da.

J'ai besoin d'aide.

03 지갑을 도둑맞았어요.
ji-gab ŭl do-dug-ma-za-ssŏ-yo.

On m'a volée (mon) portefeuille / sac à main.

04 여권을 잃어버렸어요.
yŏ-ggwŏn ŭl il-ŏ-bŏ-ryŏ-ssŏ-yo.

J'ai perdu/égaré (mon) passeport.

05 소매치기를 당했어요.
so-mae-chi-gi rŭl dang-hae-ssŏ-yo.

On m'a pris mon sac.

06 지하철에 지갑을 놓고 내렸어요.
ji-ha-chŏl e ji-gab ŭl not-ko nae-ryŏ-ssŏ-yo.

Je suis descendue du métro avec mon portefeuille.

07 강도를 당했어요.
gang-do rŭl dang-hae-ssŏ-yo.

On m'a volé.

08 이 사람이 저를 폭행했습니다.
i sa-ram i jŏ rŭl pok-haeng-haet-ssŭp-ni-da.

Cet homme m'a attaqué.

09 폭행 당했어요.
pok-haeng dang-hae-ssŏ-yo.

J'ai été attaqué.

10 바로 저 사람/이 사람이에요!
ba-ro jŏ sa-ram / i sa-ram i-e-yo!

Le/la voici !

11 어떻게 생겼나요?
ŏ-ttŏ-ke saeng-gyŏt-na-yo?

A quoi ressemble-t-il ?

12 인상착의를 알려주세요.
in-sang-chag-ŭi rŭl al-lyŏ-ju-se-yo.

Veuillez m'indiquer ses caractéristiques et ses vêtements.

13 잘 기억이 안나요.
jal gi-ŏg i an-na-yo.

Je ne me souviens pas très bien.

14 대충 이렇게 생겼어요.
dae-chung i-rŏt-ke saeng-gyŏ-ssŏ-yo.

Il/elle ressemble à ça.

15 특징을 말씀해주세요.
tŭk-jing ŭl mal-ssŭm-hae-ju-se-yo.

Veuillez me dire quelles sont ses caractéristiques.

16 찾을 수 있을까요?
cha-zŭl su i-ssŭl-gga-yo?

Pouvez-vous (le/la) trouver ?

17 쉽지 않겠네요.
ship-ji an-ket-ne-yo.

Ce ne sera pas facile.

18 여기 조서를 작성해주세요.
yŏ-gi jo-sŏ rŭl jak-sŏng-hae-ju-se-yo.

Veuillez remplir le rapport ici.

19 돈은 얼마나 들어있었죠?
don ŭn ŏl-ma-na dŭl-ŏ-i-ssŏt-jyo?

(Lit) Combien d'argent était inclus (= à l'intérieur ?)

20 가방에는 무엇이 들어있었죠?
ga-bang e nŭn mu-ŏ shi dŭl-ŏ-i-ssŏt-jyo?

(Lit) Qu'y avait-il dans le sac ?

21 한국에 지인이 있나요?
han-gug e ji-in i it-na-yo?

Connaissez-vous quelqu'un en Corée ?

22 비상 연락처가 있나요?
bi-sang yŏl-lak-chŏ ga it-na-yo?

Avez-vous un contact d'urgence ?

23 어디에서 그랬나요?
ŏ-di e-sŏ gŭ-raet-na-yo?
Où est-ce arrivé ?

24 언제 그랬나요?
ŏn-je gŭ-raet-na-yo?
Quand est-ce arrivé ?

25 정확한 위치를 알려주세요.
jŏng-hwak-han wi-chi rŭl al-lyŏ-ju-se-yo.
S'il vous plaît, donnez-moi l'endroit exact.

26 경찰서로 갑시다.
gyŏng-chal-sŏ ro gap-shi-da.
Allons au poste de police.

27 저를 협박했어요.
jŏ rŭl hyŏp-bak-hae-ssŏ-yo.
(Il/Elle) m'a menacé.

28 지금 협박하는건가요?
ji-gŭm hyŏp-bak-ha-nŭn-gŏn-ga-yo?
Vous me menacez maintenant ?

29 경찰에 신고할겁니다.
gyŏng-chal e shin-go hal-gŏp-ni-da.
Je vais faire un rapport à la police.

30 경찰을 불러주세요.
gyŏng-chal ŭl bul-lŏ-ju-se-yo.
S'il vous plaît, appelez la police.

31 위험에 처해있습니다.
wi-hŏm e chŏ-hae-it-ssŭp-ni-da.
(Je suis/Nous sommes) en danger.

32 빨리 출동해주세요.
bbal-li chul-dong-hae-ju-se-yo.
Veuillez-vous rendre (ici) rapidement. = S'il vous plaît, venez vite.

33 동영상을 촬영했습니다.
dong-yŏng-sang ŭl chwal-yŏng-haet-ssŭp-ni-da.
J'ai enregistré un clip vidéo.

34 전부 녹음했습니다.
jŏn-bu nog-ŭm-haet-ssŭp-ni-da.
J'ai tout enregistré.

35 이게 증거입니다.
i-ge jŭng-gŏ ip-ni-da.
C'est la preuve.

36 이 사람은 거짓말을 하고 있어요.
i sa-ram ŭn gŏ-jit-mal ŭl ha-go-i-ssŏ-yo.
Cet homme/ cette personne ment.

37 전혀 거짓말이 아닙니다.
jŏn-hyŏ gŏ-jit-mal i a-nip-ni-da.
Ce n'est pas du tout un mensonge.

38 빨리 범인을 잡아주세요.
bbal-li bŏm-in ŭl jab-a-ju-se-yo.
Veuillez attraper le suspect rapidement.

39 처벌을 원합니다.
chŏ-bŏl ŭl wŏn-hap-ni-da.
J'aimerais porter plainte.

40 처벌을 원치 않습니다.
chŏ-bŏl ŭl wŏn-chi an-ssŭp-ni-da.
Je ne veux pas porter plainte.

41 꼭 잡아주세요!
ggok jab-a-ju-se-yo!
Veuillez l'attraper à tout prix !

42 저를 폭행하려 했습니다.
jŏ rŭl pok-haeng ha-ryŏ haet-ssŭp-ni-da.
(Il/Elle) a essayé de m'attaquer.

43 저의 지갑을 훔치려 했습니다.
jŏ-ŭi ji-gab ŭl hum-chi ryŏ haet-ssŭp-ni-da.
(Il/elle) a essayé de voler mon portefeuille.

44 현장에서 잡았어요.
hyŏn-jang e-sŏ jab-a-ssŏ-yo.
Je l'ai attrapé sur le champ.

45 다 봤어요.
da bwa-ssŏ-yo.
J'ai tout vu.

46 이 사람이/저 사람이 범인입니다.
i sa-ram i / jŏ sa-ram i bŏm-in ip-ni-da.
Cet homme est le criminel.

47 도망갔습니다.
do-mang-gat-ssŭp-ni-da.
(Il/elle) s'est enfui.

48 놓쳤어요.
not-chyŏt-ssŏ-yo.
On l'a perdu.

49 담당 형사를 배정하겠습니다.
dam-dang hyŏng-sa rŭl bae-jŏng ha-get-ssŭp-ni-da.
Nous allons assigner un inspecteur responsable.

50 조사가 필요하면 연락드리겠습니다.
jo-sa ga pil-yo-ha-myŏn yŏl-lak-dŭ-ri-get-ssŭp-ni-da.
Nous vous contacterons si nous avons besoin d'une enquête.

CHAPITRE 19. AMITIÉ

01
힘내!
him nae!

Courage !

02
그런거 때문에 기죽지 마.
gŭ-rŏn gŏ ttae-mun-e gi-juk-ji ma.

Ne te sens pas petit à ce sujet.

03
고개 들어.
go-gae dŭl-ŏ.

Lève le menton.

04
기운내.
gi-un nae.

Augmente ton énergie. = Courage !

05
누구나 실수 할 수 있어.
nu-gu-na shil-su hal su i-ssŏ.

Tout le monde peut faire une erreur.

06
나였어도 그렇게 했을거야.
na-yŏ-ssŏ do gŭ-rŏt-ke hae-ssŭl-gŏ-ya.

J'aurais fait la même chose si j'étais toi.

07
너는 잘못한거 없어.
nŏ nŭn jal-mot-han gŏ ŏp-ssŏ.

Tu n'as rien fait de mal.

08
그냥 운이 없었다고 생각해.
gŭ-nyang un i ŏp-ssŏt-da-go saeng-gak-hae.

Ce n'était pas ton jour de chance.

09
너는 최선을 다했어.
nŏ nŭn choe-sŏn ŭl da-hae-ssŏ.

Tu as fait de ton mieux.

10 다음에는 더 잘 될거야.
da-ŭm-e nŭn dŏ jal doel-gŏ-ya.

Tu feras mieux la prochaine fois.

11 아무도 신경 안써.
a-mu-do shin-gyŏng an-ssŏ.

Tout le monde s'en fout.

12 걱정하지마.
gŏk-jŏng ha-ji-ma.

Ne t'inquiète pas pour ça.

13 긍정적으로 생각해.
gŭng-jŏng-jŏg-ŭ-ro saeng-gak-hae.

Pensez positif.

14 좋은 기운을 보낸다.
jo-ŭn gi-un ŭl bo-naen-da.

Envoyez de bonnes vibrations.

15 너에겐 내가 있잖아.
nŏ-e-gen nae ga it-ja-na.

Je suis là pour toi.

16 너를 사랑하는 사람들을 생각해.
nŏ rŭl sa-rang-ha-nŭn sa-ram-dŭl ŭl saeng-gak-hae.

Pensez aux gens que vous aimez.

17 이건 정말 아무것도 아니야.
i-gŏn jŏng-mal a-mu-gŏt-do a-ni-ya.

Ce n'est rien, vraiment.

18 큰 그림을 봐야지.
kŭn gŭ-rim ŭl bwa-ya-ji.

Il faut voir les choses dans leur ensemble.

19 아직 기회는 남아있어.
a-jik gi-hoe nŭn nam-a-i-ssŏ.

Il y a encore une chance.

20 너의 능력을 과소평가 하지마.
nŏ-ŭi nŭng-nyŏg ŭl gwa-so-pyŏng-ga ha-ji-ma.

Ne sous-estimez pas leurs capacités.

21 너는 네가 생각하는 것보다 대단해.
nŏ nŭn ne ga saeng-gak-ha-nŭn gŏt bo-da dae-dan-hae.
*Bien que 네 devrait être prononcé comme "ne", la plupart
des Coréens le prononcent comme "ni" dans la vie réelle.

Ils sont plus gros que tu ne le penses.

22 너는 정말 멋진 녀석이야.
nŏ nŭn jŏng-mal mŏt-jin nyŏ-sŏg i-ya.

Tu es un gars vraiment cool.

23 네가 힘들땐 내가 도와줄게.
ne ga him-dŭl ttaen nae ga do-wa-jul-ge.

Si vous avez besoin d'aide, je suis là pour vous aider.

24 도움이 필요하면 언제든지 말해.
do-um i pil-yo ha-myŏn ŏn-je-dŭn-ji mal-hae.

Faites-moi savoir si vous avez besoin d'aide.

25 술 한잔 하러 가자!
sul han-jan ha-rŏ ga-ja!

Allons boire un verre !

26 그 사람도 후회하고 있을거야.
gŭ sa-ram-do hu-hoe-ha-go i-ssŭl-gŏ-ya.

Cette personne doit aussi le regretter.

27 전혀 걱정하지 않아도 돼.
jŏn-hyŏ gŏk-jŏng ha-ji an-a-do doe.

Tu n'as pas à t'inquiéter du tout.

28 다음에 더 잘하면 되지!
da-ŭm-e dŏ jal-ha-myŏn doe-ji!

Ce n'est pas grave si tu fais mieux la prochaine fois !

29 내일은 내일의 태양이 뜰거야.
nae-il ŭn nae-il ŭi tae-yang i ttŭl-gŏ-ya.

Demain, un nouveau soleil se lèvera. = demain est un autre jour après tout !

30 고민 하지마.
go-min ha-ji ma.

Ne t'inquiète pas pour ça.

31 우리 모두 너를 믿어!
u-ri mo-du nŏ rŭl mid-ŏ!

Nous croyons tous en vous !

32 나는 언제나 너를 믿어!
na nŭn ŏn-je-na nŏ rŭl mid-ŏ!

Je crois toujours en toi !

33 옳은 일을 하리라고 믿는다.
ol-ŭn il ŭl ha-ri-ra-go mit-nŭn-da.

Je crois/je vous fais confiance pour faire ce qui est juste.

34 유혹에 빠지지 말아라.
yu-hog e bba-ji-ji mal-a-ra.

Ne tombez pas dans la tentation.

35 친구로써 말하는데,
chin-gu ro-ssŏ mal-ha-nŭn-de.

Je te le dis en tant qu'ami,

36 내 조언을 잊지마.
nae jo-ŏn ŭl it-ji-ma.

N'oublie pas mon conseil.

37 너를 위해서 하는 말이야.
nŏ rŭl wi-hae-sŏ ha-nŭn mal i-ya.

Il l'a dit pour ton propre bien.

38 서운하게 생각하지마.
sŏ-un-ha-ge saeng-gak ha-ji-ma.

Ne te sens pas fou.

39 좋은 약은 입에 쓴거야.
jo-ŭn yag ŭn i be ssŭn-gŏ-ya.

**Un bon médicament est amer dans la bouche
= un conseil utile peut déplaire à l'oreille.**

40 같이 노력하자.
ga-chi no-ryŏk ha-ja.

Essayons ensemble.

CHAPITRE 20. RENCONTRE / ROMANCE

01 내일 시간 어때요?
nae-il shi-gan ŏ-ttae-yo?

Quels sont tes plans pour demain ?

02 내일 뭐해요?
nae-il mwŏ-hae-yo?

Que fais-tu demain ?

03 주말 계획 있어요?
ju-mal gye-hoek i-ssŏ-yo?

As-tu des projets ce week-end ?

04 별거 없어요.
byŏl gŏ ŏp-ssŏ-yo.

Il n'y a rien de spécial.

05 그러면 우리 데이트 할까요?
gŭ-rŏ-myŏn u-ri   de-i-tŭ hal-gga-yo?

On va à un rendez-vous alors ?

06 저녁 같이 먹을까요?
jŏ-nyŏk ga-chi mŏg-ŭl-gga-yo?

On dîne ensemble ?

07 제가 맛있는 곳을 알고 있어요.
je ga ma-shit-nŭn go sŭl al-go-i-ssŏ-yo.

Je connais un endroit délicieux.

08 맛집을 알아요.
mat-jib ŭl   al-a-yo.

Je connais cet endroit célèbre.

09 정말 마음에 드실거예요.
jŏng-mal ma-ŭm e dŭ-shil-gŏ-ye-yo.

Tu vas vraiment l'aimer.

10 남자친구/여자친구 있어요?
nam-ja-chin-gu / yŏ-ja-chin-gu i-ssŏ-yo?

Vous avez un petit ami/petite amie ?

11 만나는 사람 있어요?
man-na-nŭn sa-ram i-ssŏ-yo?

Tu sors avec quelqu'un ?

12 아니요, 싱글이에요.
a-ni-yo, sing-gŭl i-e-yo.

Non, je suis célibataire.

13 네, 남자친구/여자친구 있어요.
ne, nam-ja-chin-gu / yŏ-ja-chin-gu i-ssŏ-yo.

Oui, j'ai un petit ami/petite amie.

14 저는 이미 결혼했어요.
jŏ nŭn i-mi gyŏl-hon-hae-ssŏ-yo.

Je suis déjà mariée.

15 죄송하지만 제 타입이 아니에요.
joe-song-ha-ji-man je ta-ib i a-ni-e-yo.

Je suis désolé, mais t'es pas mon genre.

16 완전히 제 타입이에요.
wan-jŏn-hi je ta-ib i-e-yo.

Tu es tout à fait mon genre.

17 첫눈에 반했어요.
chŏt-nun e ban-hae-ssŏ-yo.

Je suis tombé amoureux à première vue. / C'était le coup de foudre.

18 한번 만나보고 싶어요.
han-bŏn man-na-bo-go ship-ŏ-yo.

Je veux en savoir plus sur toi.

19 우리 사귈까요?
u-ri sa-gwil-gga-yo?

Tu veux bien sortir avec moi ?

20 제 남자친구/여자친구 할래요?
je nam-ja-chin-gu / yŏ-ja-chin-gu hal-lae-yo?

Seras-tu mon petit ami/petite amie ?

21 연락처 알려주실 수 있어요?
yŏl-lak-chŏ al-lyŏ-ju-shil su i-ssŏ-yo?

Pourriez-vous me donner votre numéro ?

22 세상에서 가장 예뻐요.
se-sang e-sŏ ga-jang ye-bbŏ-yo.

Tu es le plus bel homme du monde.

23 정말 잘생겼어요.
jŏng-mal jal-saeng-gyŏ-ssŏ-yo.

Tu es vraiment beau.

24 제 이상형이에요.
je i-sang-hyŏng i-e-yo.

Tu es mon genre idéal.

25 둘이 정말 잘 어울려요.
dul i jŏng-mal jal ŏ-ul-lyŏ-yo.

Vous allez vraiment bien ensemble.

26 이제부터 우리 커플이에요.
i-je bu-tŏ u-ri kŏ-pŭl i-e-yo.

A partir de maintenant, nous sommes un couple.

27 손 잡아도 될까요?
son jab-a-do doel-gga-yo?

Puis-je te tenir la main ?

28 더치페이 해요.
dŏ-chi-pe-i hae-yo.

Allons-y néerlandais.

29 아니에요, 제가 살게요.
a-ni-e-yo,   je ga sal-gge-yo.

Non, je vais acheter. = Non, je vais récupérer la facture.

30 이건 제 마음이에요.
i-gŏn je ma-ŭm i-e-yo.

Cela vient de mon cœur.

31 선물이 마음에 들지 모르겠네요.
sŏn-mul i ma-ŭm e dŭl-ji mo-rŭ-get-ne-yo.

Je ne sais pas si tu aimeras le cadeau.

32 아니 뭘 이런걸 다!
a-ni   mwŏl i-rŏn-gŏl da!

Oh non, c'est quoi tout ça !

33 정말 이러지 않으셔도 괜찮은데.
jŏng-mal i-rŏ-ji   an-ŭ-shŏ-do gwen-chan-ŭn-de.

Tu n'aurais pas dû faire ça.

34 마음이 중요하죠.
ma-ŭm i jung-yo-ha-jyo.

La pensée est importante (= compte).

35 마음만으로 충분해요.
ma-ŭm man-ŭ-ro chung-bun-hae-yo.

Je chéris l'idée.

36 감사히 받을게요.
gam-sa-hi bad-ŭl-gge-yo.
Je l'accepterai avec gratitude. = Il a été accepté avec gratitude.

37 오늘이 우리 기념일이에요.
o-nŭl i u-ri gi-nyŏm il-i-e-yo.
Aujourd'hui, c'est notre anniversaire.

38 무슨 기념일이요?
mu-sŭn gi-nyŏm-il i-yo?
C'est quel genre d'anniversaire ?

39 만난지 100일 되었어요.
man-nan-ji baeg il doe-ŏ-ssŏ-yo.
Il y a 100 jours, nous nous sommes rencontrés.

40 우리의 만남을 기념하며!
u-ri-ŭi man-nam ŭl gi-nyŏm-ha-myŏ!
Pour célébrer / commémorer notre rencontre (= relation) !

41 당신은 저의 첫사랑이에요.
dang-shin ŭn jŏ-ŭi chŏt-sa-rang i-e-yo.
Tu es mon premier amour.

42 사랑해요.
sa-rang-hae-yo.
Je t'aime.

43 저도 사랑해요.
jŏ-do sa-rang-hae-yo.
Je t'aime aussi.

44 제가 훨씬 더 많이 사랑해요.
je ga hwŏl-sshin dŏ man-i sa-rang-hae-yo.
Je t'aime encore plus (que toi).

45 집에까지 데려다 줄게요.
jib-e gga-ji de-ryŏ-da jul-gge-yo.
Je te ramène à la maison.

46 보고 있어도 보고 싶어요.
bo-go i-ssŏ-do bo-go ship-ŏ-yo.
Plus je te vois, plus tu me manques.

47 같이 있고 싶어요.
ga-chi it-go ship-ŏ-yo.
Je veux rester avec toi.

48 함께 있으면 행복해요.
ham-ggae i-ssŭ-myŏn haeng-bok-hae-yo.
Je suis heureux quand je suis avec toi.

49 당신은 저에게 큰 의미입니다.
dang-shin ŭn jŏ-e-ge kŭn ŭi-mi ip-ni-da.
Tu comptes beaucoup pour moi.

50 제 인생에 와주셔서 감사해요.
je in-saeng e wa-ju-shŏ-sŏ gam-sa-hae-yo.

Merci d'être venu dans ma vie.

51 우리 사랑 영원히!
u-ri sa-rang yŏng-wŏn-hi!

Notre amour pour toujours !

52 이 순간이 영원했으면 좋겠어요.
i sun-gan i yŏng-wŏn-hae-ssŭ-myŏn jo-ke-ssŏ-yo.

J'aimerais que ce moment puisse durer pour toujours.

53 저희 사진 좀 찍어주시겠어요?
jŏ-hi sa-jin jom jjig-ŏ-ju-shi-get-ssŏ-yo?

Pourriez-vous prendre une photo de nous ?

54 우리 셀카찍어요!
u-ri sel-ca jjig-ŏ-yo!

On devrait prendre un Selfie !

55 좋은 꿈 꿔요.
jo-ŭn ggum ggwŏ-yo.

Fais de beaux rêves.

56 잘 자요, 내 사랑!
jal ja-yo, nae sa-rang!

Dors bien, mon amour !

57 우리는 잘 어울리지 않는 것 같아요.
u-ri nŭn jal ŏ-ul-li-ji an-nŭn gŏt gat-a-yo.

Je ne pense pas qu'on fasse un très bon couple.

58 우리는 너무 다른 것 같아요.
u-ri nŭn nŏ-mu da-rŭn gŏt gat-a-yo.

Je pense que nous sommes trop différents.

59 그만 만나는게 좋을 것 같아요.
gŭ-man man-na-nŭn-ge jo-ŭl gŏt gat-a-yo.

Je pense que ce serait mieux si on arrêtait de se voir.

60 앞으론 연락하지 말아요.
ap-ŭ-ron yŏl-lak ha-ji mal-a-yo.

S'il te plaît, ne m'appelle plus à partir de maintenant.

61 서로에게 짐이 되는 것 같아요.
sŏ-ro e-ge jim i doe-nŭn gŏt gat-a-yo.

Je pense que nous sommes un fardeau l'un pour l'autre.

62 예전 같지 않아요.
ye-jŏn gat-ji a-na-yo.

Ce n'est pas la même chose qu'avant.

63 더 좋은 사람 만나길 바래요.
dŏ jo-ŭn sa-ram man-na-gil ba-rae-yo.

J'espère que tu rencontreras quelqu'un de mieux.

CHAPITRE 21. FAMILLE

01 저희 가족을 소개합니다.
jŏ-hi   ga-jog ŭl so-gae-hap-ni-da.

Puis-je vous présenter ma famille ?

02 저희 부모님이세요.
jŏ-hi   bu-mo-nim i-se-yo.

Ce sont mes parents.

03 많이 닮았죠?
man-i dal-mat-jyo?

Nous nous ressemblons beaucoup, n'est-ce pas ?

04 정말 똑같아요.
jŏng-mal ttok-gat-a-yo.

Vraiment semblables.

05 아빠와/엄마와 판박이네요.
a-bba wa / ŏm-ma wa pan-bag-i ne-yo.

Vous ressemblez à votre père/votre mère.

06 행복해 보이는 가족이에요.
haeng-bok-hae bo-i-nŭn ga-jog i-e-yo.

C'est une famille qui a l'air heureuse.

07 모두 사이 좋아보여요.
mo-du   sa-i jo-a-bo-yŏ-yo.

Tout le monde semble s'entendre.

08 저희 형/누나입니다.
jŏ-hi   hyŏng / nu-na ip-ni-da.

C'est mon frère/sœur aîné.

09 몇살 차이인가요?
myŏt sal cha-i in-ga-yo?

Quelle est la différence d'âge ?
= Depuis combien d'années êtes-vous séparés ?

10 형이 저보다 세살 많아요.
hyŏng i jŏ bo-da   se sal   man-a-yo.

Mon frère a trois ans de plus que moi.

11 부모님이 많이 엄하세요.
bu-mo-nim i   man-i   ŏm-ha-se-yo.

Mes parents sont très stricts.

12 대가족이죠.
dae-ga-jog i-jyo.

C'est une grande famille.

13 저는 외동이에요.
jŏ nŭn oe-dong i-e-yo.

Je suis enfant unique.

14 사랑을 많이 받고 자랐어요.
sa-rang ŭl man-i   bat-go ja-ra-ssŏ-yo.

J'ai reçu beaucoup d'amour quand j'ai grandi.

15 별로 안 닮았어요.
byŏl-lo an   dal-ma-ssŏ-yo.

Nous ne nous ressemblons pas tant que ça.

16 누가 동생인지 맞춰보세요.
nu-ga dong-saeng in-ji mat-chwŏ-bo-se-yo.

Devine qui est le plus jeune. = Devine qui est le Benjamin.

17 얘기 많이 들었어요.
yae-gi man-i   dŭl-ŏ-ssŏ-yo.

J'ai entendu beaucoup d'histoires.
= J'ai beaucoup entendu parler de vous.

18 정말 사랑스러운 가족이네요.
jŏng-mal sa-rang-sŭ-rŏ-un ga-jog i-ne-yo.

C'est une très belle famille.

19 화목해 보입니다.
hwa-mok-hae bo-ip-ni-da.

Il semble harmonieux.

20 형제들 사이 좋아보여요.
hyŏng-je-dŭl sa-i jo-a-bo-yŏ-yo.

Vos frères et sœurs semblent s'entendre entre eux.

21 부모님께서는 이혼하셨어요.
bu-mo-nim gge-sŏ-nŭn i-hon ha-shŏ-ssŏ-yo.

Mes parents sont séparés/divorcés.

22 아버지는/어머니는 재혼하셨어요.
a-bŏ-ji nŭn / ŏ-mŏ-ni nŭn jae-hon ha-shŏ-ssŏ-yo.

Mon père/ ma mère s'est remarié(e).

23 저는 입양되었어요.
jŏ nŭn ib-yang doe-ŏ-ssŏ-yo.

J'ai été adopté.

24 자주 다퉈요.
ja-ju da-twŏ-yo.

On se dispute beaucoup.

25 뭐니뭐니해도 집이 최고죠.
mwŏ-ni-mwŏ-ni-hae-do jib i choe-go-jyo.

Il n'y a rien de mieux que chez soi.

26 엄마가/아빠가 보고싶어요.
ŏm-ma ga / a-bba ga bo-go-ship-ŏ-yo.

Mon père et ma mère me manquent.

27 부모님께서는 개방적이세요.
bu-mo-nim gge-sŏ-nŭn gae-bang-jŏg i-se-yo.

(Mes) parents sont ouverts d'esprit.

28 가족 전통이 있나요?
ga-jok jŏn-tong i it-na-yo?

Vous avez une tradition familiale ?

29 명절동안 제사를 지냅니다.
myŏng-jŏl dong-an je-sa rŭl ji-naep-ni-da.

Nous servons Jesa pendant les vacances.

30 제사가 뭐죠?
je-sa ga mwŏ-jyo?

Qu'est-ce que Jesa ?

31 돌아가신 조상님들께
인사를 드려요.
dol-a-ga-shin jo-sang-nim-dŭl gge
in-sa rŭl dŭ-ryŏ-yo.

Nous respectons nos ancêtres décédés.

32 정말 훌륭한 전통이네요.
jŏng-mal hul-lyung-han jŏn-tong i-ne-yo.

C'est vraiment une grande tradition.

33 저도 참여해보고 싶어요.
jŏ do cham-yŏ hae-bo-go ship-ŏ-yo.

Je veux aussi essayer d'en faire partie.

Notez aussi nos autres titres si
vous voulez apprendre le coréen.
newampersand.com

PARLONS CORÉEN
- AVEC DES FICHIERS AUDIO TÉLÉCHARGEABLES

Apprenez rapidement et facilement
plus de 1 400 expressions coréennes sur 21 sujets

ISBN 979-11-88195-59-6

FANDOM MEDIA

www.newampersand.com
14 13 12 11 10 / 10 9 8 7 6 5 4 3 2 1